ONTOLOGIA

DE UMA VIDA

CB034379

Editora Appris Ltda.
1.ª Edição - Copyright© 2024 dos autores
Direitos de Edição Reservados à Editora Appris Ltda.

Catalogação na Fonte
Elaborado por: Josefina A. S. Guedes
Bibliotecária CRB 9/870

	Mafra, Marcio Henrique
M187o 2024	Ontologia de uma vida / Marcio Henrique Mafra, Cristiane de Paula Mafra. – 1. ed. – Curitiba: Appris, 2024. 134 p. ; 21 cm.
	Inclui referências. ISBN 978-65-250-5671-5
	1. Memória autobiográfica. 2. Empatia. 3. Amor. 4. Compartilhamento. I. Mafra, Cristiane de Paula. II. Título.
	CDD – 808.06692

Editora e Livraria Appris Ltda.
Av. Manoel Ribas, 2265 – Mercês
Curitiba/PR – CEP: 80810-002
Tel. (41) 3156 - 4731
www.editoraappris.com.br

Printed in Brazil
Impresso no Brasil

Marcio Henrique Mafra
Cristiane de Paula Mafra

ONTOLOGIA DE UMA VIDA

FICHA TÉCNICA

EDITORIAL	Augusto Coelho
	Sara C. de Andrade Coelho
COMITÊ EDITORIAL	Marli Caetano
	Andréa Barbosa Gouveia (UFPR)
	Jacques de Lima Ferreira (UP)
	Marilda Aparecida Behrens (PUCPR)
	Ana El Achkar (UNIVERSO/RJ)
	Conrado Moreira Mendes (PUC-MG)
	Eliete Correia dos Santos (UEPB)
	Fabiano Santos (UERJ/IESP)
	Francinete Fernandes de Sousa (UEPB)
	Francisco Carlos Duarte (PUCPR)
	Francisco de Assis (Fiam-Faam, SP, Brasil)
	Juliana Reichert Assunção Tonelli (UEL)
	Maria Aparecida Barbosa (USP)
	Maria Helena Zamora (PUC-Rio)
	Maria Margarida de Andrade (Umack)
	Roque Ismael da Costa Güllich (UFFS)
	Toni Reis (UFPR)
	Valdomiro de Oliveira (UFPR)
	Valério Brusamolin (IFPR)
SUPERVISOR DA PRODUÇÃO	Renata Cristina Lopes Miccelli
PRODUÇÃO EDITORIAL	Daniela Nazario
PREPARAÇÃO DE ORIGINAIS	Claudia Leal Estevão
REVISÃO	Simone Ceré
	Claudia Leal Estevão
DIAGRAMAÇÃO	Maria Vitória Ribeiro Kosake
CAPA	Julie Lopes
REVISÃO DE PROVA	Renata Cristina Lopes Miccelli

Dedico esta obra à minha filha,
Rafaella Mafra,
a quem tanto amo
e de quem sinto muito orgulho.

AGRADECIMENTOS

Em primeiro plano, a Deus, por este momento sublime, materializado por esta obra, obra da minha vida.

Aos meus pais de criação: Azuir Meira (*in memoriam*) e Maria de Souza Meira (*in memoriam*). Dizer-lhes que o seu cuidado, a sua paciência, os seus princípios morais e éticos e o seu amor estarão sempre comigo, e que às vezes bate aquela incontrolável saudade da sua presença e do seu acolhimento...

Aos meus pais biológicos: José Darci Mafra (*in memoriam*) e Zormalina de Souza Mafra (*in memoriam*). Dizer-lhes que a distância jamais foi argumento para não nos aproximarmos e que as lições aprendidas foram replicadas e as guardo com carinho.

Aos meus irmãos de criação. Dizer-lhes que a distância e as circunstâncias que nos separaram jamais foram ou serão capazes de esmaecer todo o afeto compartilhado. Coisas da vida, de uma vida construída com muito amor. Acreditem, as lágrimas neste momento foram de emoção pela alegria de ter feito parte dessa família e de ter vivido sabendo-me amado/a.

Aos meus irmãos biológicos. Dizer-lhes que ainda que a vida tenha nos distanciado, nada apagará as histórias e as boas recordações, as quais devemos guardar com carinho. A vida é surpreendentemente desafiadora; dela não levamos nada, e precisamos acreditar nisso.

À Márcia Andréa (Dinho), pela nossa caminhada de longos anos, em meio às vicissitudes da vida, que me proporcionou aprendizados valiosos; pela compreensão, pelo respeito e por hoje sermos fiéis amigos/as. Conte sempre comigo. Deus não coloca as pessoas na nossa vida se não houver razão, propósito; sejam quais forem.

À Rafaella Mafra (Bica), a minha filha. Muito de toda esta manifestação foi para reaproximá-la de mim, não que ela tenha se afastado ou que eu a tenha afastado, mas a retração foi inevitável, em parte por desconhecimento, tenho certeza disso, pois não tive coragem de externar a ela toda a situação, logo tudo o que ela sabia até ler a primeira versão desta obra foi por outros interlocutores e mecanismos que não preservaram a integridade dos fatos. *Ontologia de uma vida*, espero, será meu mensageiro a elucidar inquietações. Aliás, o "Prefácio" desta obra, de autoria dela, aponta para tal encaminhamento. Quero aqui estender o meu agradecimento ao Maicon, o meu genro, a quem carinhosamente chamo de "Maicon Jackson". A única "falha" dele é torcer pelo Figueirense, time de futebol local. Brincadeira! Apenas um momento de descontração.

Ao seu Abílio Manoel da Silva (*in memoriam*) e à dona Nair Dilma dos Santos Silva (*in memoriam*), meus pretéritos sogros, fundamentais na minha vida e na da minha família. Guardo-os em boas recordações. Dona Nair, que partiu há pouco tempo, emanava uma energia afável e deixava claro o quanto gostava de mim, e era recíproco. Que saudade de quem tanto fez por nós. Inevitável a lágrima cair, e eu que pensei não ter mais nenhuma.

Ao João Boing Garcia, à sua esposa, Maria Aparecida Boing Garcia, e à sua filha, Roberta, mais conhecida por mim como "Reberta". Eles foram a minha cunhada e o meu concunhado, mas a Roberta continua sendo a minha sobrinha. Risos de descontração. Grande professor, o João é uma dessas pessoas a quem posso chamar de amigo de longa data e com quem tive algumas conversas "silenciosas" sobre tudo o que ocorria.

À Lúcia Gomes, pela amizade e por me acolher quando mudei de endereço, em 2016. Nós nos conhecemos há anos, estudamos juntos/as e fomos colegas de profissão em duas instituições de ensino. Como professores/as, compartilhamos o entendimento de que não temos uma profissão, e sim uma missão, e a temos para sempre.

À Daniela Corrêa, "istepô", expressão "mané", típica de Florianópolis. Ela não podia ficar de fora destes agradecimentos. Por mais de uma década fomos colegas de trabalho e, sem medo de errar, somos amigos/as incondicionais.

À Elisa Neves, pela sua compreensão e incondicional apoio em uma fase da minha vida que nem eu entendia ao certo o que se passava. Apesar do pouco tempo de convívio, logo se tornou uma grande amiga. A propósito, muitas reflexões desta obra foram motivadas pelos livros presenteados por ela.

À Angélica, "mamãe *sniper*", uma engraçada história e de fácil dedução, creio; à Silvana (Sil), Sônia (Soninha), Alexandra e Rosi. São pessoas que fazem literalmente a minha cabeça. Como é bom receber toda a sua atenção e o quanto é terapêutico o seu atendimento. Tenham certeza de que fazem a diferença tanto pelas espontâneas risadas de descontração quanto pelo respeito, compreensão e sutileza comigo.

À Turma da Base Aérea/79. Dizer-lhes que é gratificante participar "dessa família". Mudamos, ficamos mais experientes; pacientes, talvez. Uns ganharam peso extra, outros nem tanto; alguns, cabelos brancos, outros nem tempo deu para brancos ficarem. Mas o que vale não é o que está fora, aparente, e sim o que está dentro. Cada um seguiu sua caminhada a seu destino e nela continua a passos firmes.

À Secretaria de Estado da Saúde de Santa Catarina, em especial à última unidade na qual executei as minhas funções administrativas, SC Transplantes, e às unidades tangenciadas Centro de Estudos e Aperfeiçoamento (CEAP), Laboratório e Comissão Interna de Prevenção de Acidentes (CIPA), da qual fui presidente por quase quatro anos. Meu agradecimento a todos com os quais tive o privilégio e oportunidade de relacionar-me profissionalmente. Ainda que tenha havido quaisquer percalços, inerentes às relações de trabalho, a SC Transplantes e as demais unidades da Secretaria me oportunizaram construir vínculos edificantes em todo o estado de Santa Catarina.

À Claudia Leal Estevão, a minha revisora, consultora, "terapeuta" e amiga, que surgiu na minha vida por meio de um portal, "originária de outra dimensão". Essa é a minha sensação! Reagimos em boa química e consolidamos uma parceria impecável. Foram horas de trabalho, intermináveis discussões, reflexões acaloradas em meio a risadas, lamentações, cansaço; afinal a vida é o que é e precisamos nos adaptar. A sua garra, disponibilidade, conhecimento e paciência me conquistaram. Você soube, com maestria, conquistar este trabalho, trabalho da minha vida. Que esta parceria abrace novos desafios.

COMO EU ERA ANTES DE MIM[1]

A ideologia de *Ontologia de uma vida* surgiu antes mesmo da sua materialização. Nem sequer tinha nome e quando surgiu foi denominada "A minha vida daria um livro, e deu". Sem grandes pretensões de chegar aonde chegou, à proporção de um livro, tudo o que eu tinha de concreto eram alguns textos reflexivos, vagas ideias e o propósito de entender o que estava acontecendo comigo, de assimilar o processo pelo qual estava passando, e nada além disso.

Antes de mim e do nível de transformação inimaginável pelo qual passei, fui uma criança recém meio adotada, magérrima, "um pau de virar tripa", de características nervosas, com predomínio da ansiedade e com os "fantasmas" do medo me visitando com certa frequência. Mas nem por todos esses atributos deixei de ser uma criança feliz, saudável e cognitivamente normal.

E se as contribuições genéticas influenciam na nossa constituição, precisamos considerar também que somos

---

[1] Em alusão ao filme *Como eu era antes de você*, em contextos "severamente" antagônicos.

perpassados pelo meio social no qual nascemos e vivemos, pelas relações humanas que estabelecemos, pela educação formal e informal que recebemos e por tantas outras variantes. Então, ainda que a minha genética tenha contribuído para a minha condição, eu não era "assim".

O que muitos podem se perguntar, e aqui me incluo, é por que não evitei certos fatos, situações, relacionamentos? A resposta chegou a mim primeiro, por obviedade, e assim repasso: ainda em formação, sobretudo em anos obscuros ao conhecimento do que estaria por vir, procurei viver a vida que a vida me proporcionou viver. Só em evoluída existência vim a entender como eu era antes de mim.

PREFÁCIO

Na infância vivi momentos alegres, confusos e por vezes desafiadores com a minha família, e quem não os viveu ou vive? Em muitos deles não entendia bem o que estava acontecendo à minha volta. Havia um turbilhão de emoções, de informações e de diferentes personalidades me orientando e me protegendo, e sempre acreditei que aquilo fosse normal, e ainda acredito que seja. Mas, hoje, permito-me fazer uma nova leitura de algumas situações passadas desde então, como desconfortos que o meu olhar, olhar de criança, não entendia.

Ao longo dos anos, em especial durante a adolescência, fui percebendo algumas características físicas do meu pai que não eram comuns às de outros pais, ou homens, que eu conhecia: sobrancelhas feitas; unhas sempre lixadas, limpas e com base; cuidado extremo com os cabelos. E refletia sobre o comportamento dele assim: "Que bom que há homens que cuidam da própria aparência, que se preocupam com ela!". Depois, a essas características foram se somando outras, como ele falar sobre roupas, calçados e tudo o mais sobre o universo feminino.

Foi uma questão de tempo até eu perceber no meu pai traços psicológicos de mulher.

Essa consciência se deu em uma construção paralela às informações que eu recebia dos adultos ao meu redor e com muito zelo da minha parte por eles, pois era uma situação delicada e eu conhecia o meu pai o suficiente para saber que não devia estar sendo fácil de lidar com o que quer que estivesse acontecendo com ele. Um dia, ele me mandou uma foto com cabelo alongado e disse: "Vou mandar a foto para que vocês não se assustem quando me virem". Ao vê-la, em resposta, procurei ser bastante acolhedora: "Adorei, combinou com o seu rosto". Naquele momento, fiquei bastante aflita com o que o meu pai diria na sequência da conversa, e não pelo que diria, mas sim pela importância do que seria dito, porque precisava que partisse dele a "revelação", mas ele não disse mais nada.

Então, por cuidado de filha, passei a prestar mais atenção ao uso de pronomes nas nossas conversas, privilegiando o gênero neutro, uma vez que eu ainda "não podia" me dirigir a ela. Até que um dia, sem que o meu pai soubesse, ou percebesse, fui "apresentada" ao novo perfil dele, o perfil feminino, ao acaso do algoritmo das redes sociais. Ninguém precisou me dizer que ela era o meu pai, eu o sabia. Foi um momento inesquecível: ali estava a Cristiane, a Cris, como gosta de ser chamada, pronta para ser acolhida. Mas ainda faltava que ela mesma me contasse sobre o que estava vivenciando.

Esse gesto viria na forma de compartilhamento da primeira versão desta obra, que incluía um relatório de disforia de gênero. Ao final da leitura, me senti aliviada e feliz pela Cris enfim me permitir fazer parte da vida dela! Enfim o meu pai me permitia fazer parte da vida dele de uma maneira ainda mais íntegra e verdadeira. Ela sendo ela, e não ela sendo ele. Depois, uma ligação selaria o nosso primeiro diálogo sobre o assunto e reafirmaria os nossos laços de pai e filha, os da Cris com a Rafaella e os da Rafaella com a Cris, e há ainda muito a aprender juntos/as.

Esta coletânea de ensaios revela, em sua essência, as angústias, as dores, os medos, a ansiedade vividos pelo Marcio Henrique Mafra, o meu pai, ao longo da vida e diante do diagnóstico de disforia de gênero, assim como as alegrias, os desafios e a paz de se identificar com o corpo que, hoje, transformado em Cristiane de Paula Mafra, habita. Cada linha escrita pelo meu pai repercute essas condições emocionais, psicológicas e físicas. Por isso, entendo que a obra possa ser libertadora e instrutiva para aqueles que vivem o processo de disforia de gênero ou com contornos assemelhados e mesmo para seus familiares e amigos.

Desejo que este livro sirva para você, leitor/a, se orgulhar de ser quem é ou se inspirar a ser quem quiser ser, sem deixar que o/a rotulem, que o/a definam! Que esta leitura lance luz sobre o tema, desmistificando tabus e crenças que muitas vezes a própria pessoa diagnosticada demora a desconstruir até iniciar o processo de entendimento do Ser transgênero, ainda que a (des) construção pela qual passe não tenha, em seu efeito, o propósito de uma conclusão.

Florianópolis, Santa Catarina

Rafaella Mafra

Nutricionista formada pelo Centro Universitário Estácio de Sá (2013). Mestre em Nutrição pela Universidade Federal de Santa Catarina (2017). Especialista em Nutrição Materno-Infantil (2023). CEO do Instituto de Alimentação e Nutrição RM/Lancheiras Adequadas

A vida é uma caminhada!

O caminho é o mesmo, o que mudou foi o sentido da caminhada: não olho mais tanto para trás, a ponto de uma depressão angustiante, nem há tanto foco longínquo à frente, a ponto de uma ansiedade incontrolável. Consigo respirar o ar do agora e contemplar cada detalhe, percebendo o quanto é importante VIVER.

E quem falou que seria fácil? Com as pedras encontradas pelo caminho, pavimento o trajeto para depois passar com as flores e oferecer ao universo, em agradecimento, as minhas conquistas, a minha VIDA.

SUMÁRIO

Apresentação 23

Por que ontologia 29

Meia adoção 31

Vida acadêmica e profissional 35

Relatório diagnóstico de disforia de gênero 41

Ser Humano 49

Constituição do meu Eu e possíveis traumas 51

Desconstrução de um Eu 53

Feliz Aniversário 57

Razão de todas as razões da minha vida 59

O trem da vida rasgando o vento, o tempo
e escrevendo as nossas histórias 63

Saudades da minha infância 67

Não vou desistir, ainda que o esgotameto
seja cruel 73

Estamos esgotados 75

Ansiedade, medo e depressão 79

Intervenção militar no Brasil, a quem pode
servir? 83

Olhando pelo retrovisor 87

A vida é um quebra-cabeças 89

As marcas da guerra, as marcas da vida 91

Tempo e felicidade 101

Desencarne 103

Vida 109

Como queria voltar a ser criança e sê-lo 111

"Ontologia de uma vida" fechou o ciclo
de uma possível desconstrução de um Eu? 113

Não é sobre o meu Eu, é sobre o Eu do outro 117

Posfácio 123

Notas de fim 131

APRESENTAÇÃO

Esta é uma obra, como costumo dizer, escrita a "quatro mãos", por se tratar de um antagonismo de gênero. Sim, um antagonismo de gênero, pois os ensaios aqui reunidos perpassam o conflito entre dois "Eus" de uma vida em curso.

Ontologia de uma vida revela um viés filosófico, e trazer Martin Heidegger à reflexão pareceu-me, desde o início, inevitável. Para o pensador, "O ser humano é um ente ontologicamente privilegiado porque em seu existir está em jogo o seu próprio ser"[1]. Isto é: o homem dá sentido à própria existência, e a existência dá sentido ao homem, em um movimento contínuo e reverso. Assim, esta obra, análoga ao abismo entre os sentidos de vida e existência, expõe o obscurantismo entre a minha existência e a disforia de gênero.

O ensaio de abertura, "Meia adoção", retrata o quanto um processo de adoção intrafamiliar pode impactar a estrutura emocional de uma pessoa. Alerto que a intenção não foi apontar possível falha no processo ou culpado(s). Longe disso, mesmo porque sou grato/a pela oportunidade de ter sido criado/a em uma família bem estruturada, que me ensinou fundamentos educacionais valiosos praticados até hoje. Por outro lado, guardar no mais inerte anonimato um fato que muito impulsionou esta obra seria inaceitável e um despropósito racional, o que comprometeria a essência deste trabalho, quiçá nem essência existisse.

"Vida acadêmica e profissional" revisita o sistema educacional do fim da década de sessenta e início dos anos setenta, em pleno regime militar, com o propósito de contextualizar o universo em que eu me desenvolvia e de que modo contribuiu para a reprodução dos meus tabus e das minhas crenças limitantes.

O Relatório de Disforia de Gênero, emitido em 2018, resultou de um longo período de experiências na clínica Gendercare, especializada em diagnóstico e tratamento de pessoas com desvio de gênero biológico. Eu o apresento na íntegra no ensaio de mesmo nome e aqui está mesmo sendo um documento técnico, denso, porque a maioria das pessoas nem sequer ouviu falar de disforia, e precisa ouvir. Até mesmo o/a diagnosticado/a, e aqui me incluo, encontra dificuldade de assimilar o que o termo encerra e de compartilhá-lo sem daquele documento fazer uso. No mais, com o diagnóstico em mãos, busquei percorrer rumos "normais", abstraindo, na medida do possível, crises emocionais e existenciais.

"Ser Humano" é um convite ao exercício da abstração sobre o que de fato seja Ser Humano, entendendo-o como uma constituição social, um processo a ser construído, materializado, na relação com o outro, portanto um olhar que vai além das obras sociológicas ou dos tratados antropológicos.

"Constituição do meu Eu e possíveis traumas" confronta, de certa forma, o laudo técnico acerca da disforia de gênero ao abordar a situação do ponto de vista não clínico, mas humano, extraindo termos técnicos, subtraindo nomenclaturas formais e colocando estatísticas à prova.

"Desconstrução de um Eu" é um texto emblemático. Nele pondero as inquietações que atravessam a minha existência disfórica e desconstrutiva e me fazem cogitar o retorno ao gênero biológico, ainda que incompleto na essência da realização humana, tamanha a pressão que eu mesmo/a venho me impondo desde que iniciei o processo de transformação.

Em "Feliz aniversário" exponho, por amostragem, como foi e continua sendo o meu aniversário. Um dia em que me reservo ao silêncio, à autorreflexão e a estar com pessoas que me querem e fazem bem, e isso se tornou valioso para mim.

No ensaio "Razão de todas as razões da minha vida", abordo a relação com a minha filha! Por ela, *Ontologia de uma vida* ganhou proporções que nem eu imaginaria. Na verdade, ela é a força motriz que idealizou e materializou esta obra.

"O trem da vida rasgando o vento, o tempo e escrevendo nossas histórias" alerta para o sentido da vida. O tema é deveras conhecido, mas a contextualização é autêntica, quase poética e me ajudou a pensar de que forma a desconstrução de um Eu seria possível e mesmo se algum Eu seria desconstruído.

"Saudades da minha infância", um texto alongado, como o nome sugere, revive um período especial da vida. Todos temos elementos que despertam a memória afetiva como um filme marcante, brincadeiras divertidas, brinquedos desejados — muitas vezes não conquistados —, cheiros, texturas, pessoas. Saudade, quem nunca a teve? E ainda bem que temos essas memórias, pois a evolução tecnológica ocorrida no século XIX e subsequentes tem impactado a forma como nos relacionamos com tudo, em especial com o tempo — cada vez mais acelerado — e com as pessoas — próximas e distantes.

Nessa altura do trabalho, senti uma enorme necessidade de expurgar, em "Não posso desistir, ainda que o esgotamento seja cruel", o que de sombrio a disforia tem me facultado: crises emocionais e psicológicas que tento, a todo custo e como um exercício diário, embora cruel, amenizar. Sim, cruel, e cruel sob todos os aspectos.

Depois de externar o meu esgotamento particular, mudar o foco do fluxo de pensamento foi imperioso, mesmo permanecendo sob a mesma temática. Nosso país vem amargando, ao longo de décadas, um desgaste político-ideológico que está afetando a população. "Estamos esgotados" convida à reflexão sobre a realidade política de um país carente de desenvolvimento em todas as áreas. Não aguentamos mais; não aguento mais.

"Ansiedade, medo e depressão" foi um texto inevitável. A ansiedade muito representou o que eu queria, a qualquer custo, antecipar: o futuro; o medo ilustra as minhas fraquezas; e a depressão, controlada, resultou de tudo isso. Hoje, em estágio bem alongado do processo ontológico, "respiro sem a ajuda de aparelhos". Graças a Deus, a quem muito pedi proteção inúmeras vezes em confidência.

Em uma das pausas deste trabalho emocional, veio-me à mente uma discussão contemporânea em contexto nacional: "Intervenção militar no Brasil, a quem pode servir?". Embora de aparente intenção definida, esclareço que não há qualquer defesa partidarista na sua escrita, caso contrário estaria indo de encontro às minhas convicções acadêmicas, éticas, morais, profissionais e de vida.

"Olhando pelo retrovisor" apresenta uma breve alegoria do tempo: o retrovisor é o nosso passado, que, embora tenha ficado para trás, sempre nos possibilita, a distância de um olhar, ressignificá-lo, porque a vida é presente, dinâmica, transitória e transformadora.

Sim, a vida é presente. Por vezes, confusa, sem perspectivas ou objetivos claros. Não raro, nos sentimos perdidos, separados do todo, como se fôssemos um quebra-cabeças desmontado, até que as peças vão se encaixando uma a uma e tudo começa a fluir... a revelar fatos fundamentais ao bem viver. Nesse contexto, o ensaio "A vida é um quebra-cabeças" é mais um convite à abstração.

"As marcas da guerra, as marcas da vida" percorre os grandes conflitos ilustrados por obras como *Holocausto* e *Diário de Anne Frank* até o que parece estar se configurando como a Terceira Guerra Mundial, protagonizada pela Rússia e Ucrânia. A reflexão intenciona chamar a atenção para o que há de comum nesses eventos: a devastação emocional, cujas marcas são inapagáveis, a que são submetidas gerações que nem sequer deles queriam ter participado.

"Tempo e felicidade" examina a nobre missão que temos, ou deveríamos ter, de viver a felicidade. Mas o que é felicidade? Para cada um de nós, uma resposta. O único consenso é o de ser um dos temas mais relevantes da filosofia e objeto de interesse do homem desde sempre, razão pela qual tanto gera discussão e realinhamento de postura e atos.

Em "Desencarne", um questionamento angustiante: "Para que estes escritos, este "massacre" emocional se um dia não estarei mais aqui para testemunhar o meu legado? Se é que deixarei algum legado". Em contraste à vida, o desencarne não seria o fim, e este texto reúne pensadores que afirmavam isso, quiçá um momento de passagem a versões cada vez mais evoluídas de nós mesmos/as em distintas dimensões.

O ensaio "Vida" surgiu de uma necessidade lógica, de uma curiosidade antagônica com o desencarne. Afinal, se no ensaio anterior a perspectiva era a do legado que antecede ao desencarne, e a incógnita ao que dele se sucede, que detenhamos atenção, desde os primeiros dias da nossa existência, à constituição das nossas histórias e ao que a elas incorporamos dos mais imprevisíveis acontecimentos.

"Como queria voltar a ser criança e sê-lo". Neste momento, uma lágrima cai sobre o teclado, já cansado de tantas batidas à procura das palavras assentadas nesta obra da minha vida. Como queria voltar aos tempos passados, quando ainda não havia se instalado em mim tamanha angústia, medo e incertezas que só o mundo dos adultos é capaz de proporcionar. Quero de volta a criança de outrora, que perdi ao sabor do vento e do tempo.

"'Ontologia de uma vida' fechou o ciclo de uma possível desconstrução de um Eu?" é um texto tenso, com variações emocionais que fogem ao meu próprio entendimento sobre quem Eu construí, desconstruí ou reconstruí. No momento, um verdadeiro embate com a dualidade de gênero. Um desfecho inevitável? Talvez surpreendente.

"Não é sobre o meu Eu, é sobre o Eu do outro", por fim, é uma provocação ou um convite a pensar quão despreocupados estamos com o outro, se sequer o respeitamos, não como a nós mesmos, mas como ele gostaria de ser respeitado a qualquer tempo e em qualquer circunstância da vida.

POR QUE ONTOLOGIA

O ser humano é um ente ontologicamente privilegiado porque em seu existir está em jogo o seu próprio ser.

(Martin Heidegger)

Em virtude da complexa existência humana, e diante de fatos e fenômenos a ela inerentes, sempre considerei importante explorar as divergências e convergências entre vida e existência, e entender, ainda que não muito, o "abismo" a que se referia Heidegger e que a mim tanto inquieta e anima. Talvez porque nele caibam, à propósito da busca por um sentido da existência, não apenas variantes emocionais; angústias, medos e depressão; anomalias sociais; confrontos históricos, econômicos, educacionais, culturais; mas também serenidade, coragem, força, resiliência, apoio, alegrias. A vida é sobretudo conflitante. Cabe-nos, na condição humana de seres inteligíveis, esforçar-nos para compreender o seu esboço ontológico.

A inquietação inicial acerca da necessidade de entender o "abismo heideggeriano", metaforicamente construído, se deu a partir de duas questões fundamentais: vida — como o modo, a forma de viver — e existência — como o simples ato de existir. Sim, há uma relevante diferença entre viver e existir. A primeira enseja a busca de qualidade de vida; e a segunda, nenhuma elaboração quantitativa e qualitativa de vida.

Assim, ao relacionar vida e existência, resgato a necessidade de o ser humano viver com qualidade de vida, e esta envolver um dos temas mais discutidos e perseguidos pela filosofia e pela sociedade: a felicidade.

Felicidade é contemplação, encantamento, plenitude, satisfação e equilíbrio entre corpo e mente. Ser feliz é desconectar-se dos problemas; é gozar de saúde e bem-estar, por isso precisamos evitar o que profissionais da saúde afirmam há anos: estamos caindo adoentados em razão de pensamentos e sentimentos negativos.

Tais reflexões baseiam-se nas minhas experiências na área da saúde, quer na condição de servidor/a do setor público, quer na condição de usuário/a do sistema de saúde. Em ambas as situações me deparei com um sistema que poderia assistir melhor as pessoas, priorizando as relações, com foco no bem-estar, ainda que haja profissionais dedicados, comprometidos e engajados na causa. Estes, não raro, esbarram na falta de condições de estrutura, de materiais, de equipamentos, o que lhes acarreta desalento, repulsa e dor. E como ficam esses profissionais quando caem adoentados? Esgotados.

Assim, vida, existência, abismo e felicidade compõem os temas centrais do que proponho a uma ontologia de vida, e cada um de nós possui uma. A diferença é que a maioria não registra, não assenta, não escreve, mesmo tendo muito a dizer sobre a VIDA.

MEIA ADOÇÃO

Marcio e Marcos (gêmeos)
aos três anos, aproximados.

Nasci em 1960, no dia 27 de agosto, em um sábado, às 20 horas, na Maternidade Carlos Corrêa, no Centro de Florianópolis, com o nome, depois registrado, de Marcio Henrique Mafra.

Naquele ano, o presidente do Brasil era Juscelino Kubitschek; o governador de Santa Catarina, Celso Ramos; e o prefeito de Florianópolis, Osvaldo Machado. Precisamente nessa data foi lançado o Decreto n.º 48.902, que institui a Campanha Nacional do Livro (CNL), a cargo do Instituto Nacional do Livro, vinculado ao então Ministério da Educação e Cultura. A população brasileira era de quase 70 milhões de habitantes e Brasília fora inaugurada, com o objetivo de centralizar o poder, fato que conduziu a transferência da capital do Brasil, que era no Rio de Janeiro, para lá. Também em 1960 ocorreu a eleição de Jânio Quadros para presidente, mas ele renunciou e quem assumiu o comando da nação foi seu vice, João Goulart — foi nessa transição que ocorreu a crise institucional que culminaria no golpe militar de 1964. Mas nem só de política vive um país: o pugilista Éder Jofre tornou-se campeão mundial de boxe, em Los Angeles, nos Estados Unidos; e Maria Esther Bueno, campeã de tênis nas modalidades simples e em dupla, no Torneio de Wimbledon, na Inglaterra.

Em 1960 já éramos "tecnológicos". Ano da criação do primeiro computador eletrônico com disco rígido, RAMAC 305, lançado pela empresa IBM; ano também do lançamento do primeiro satélite meteorológico dos Estados Unidos; e, em 18 de dezembro, da inauguração da Universidade Federal de Santa Catarina (UFSC). Certo é que tantos outros fatos aconteceram naquele ano e foram significativos a milhares de pessoas em suas ontologias de vida.

Nasci em uma família com mais quatro irmãos biológicos, com os quais não tive convívio íntimo por ter sido criado/a pelos meus tios maternos, em virtude de ter sido um/a bebê "fraquinho/a", que adoecia com facilidade. Entendam: o meu irmão gêmeo adoecera e, para eu não ser contagiado/a por ele, fui parcialmente dado/a à adoção intrafamiliar. Para agravar a situação, o meu pai biológico era alcoólatra e a minha mãe biológica, que sofria muito com aquela situação, tinha sérios "problemas de nervos".

A minha adoção, ou transferência de casa, a princípio, seria por pouco tempo, ou pelo tempo necessário para restabelecer a normalidade na família de nascimento, por isso parcialmente adotado/a. Na verdade, nem sei se seria correta a expressão "restabelecer", pois tenho dúvidas se em algum tempo houve normalidade.

Até quando consigo lembrar, todas as investidas para que eu retornasse à minha família biológica acabaram em febre, ficava adoentado/a mesmo, e o que não se explicava era o fato de que, tão logo me levavam de volta à família adotiva, a febre arrefecia e o restabelecimento era rápido. Essas reações patológicas seriam depois classificadas de fundo emocional.

As tentativas de reingresso familiar, sempre frustradas, reduziram com o tempo, estabilizando a minha vida de "meia adoção", e eu acabei vivendo-a bem. Assim, os meus pais viraram tios e os meus tios viraram pais, e a história de que pais são aqueles que criam, pode acreditar, é verdadeira, sobretudo quando se é transferido/a de lar com menos de um ano de idade.

Com a adoção, os valores, sentimentos, costumes, educação, histórias passaram a ser adquiridos da minha "nova" família, formada de dois irmãos, um casal, e eu, "o/a terceiro/a filho/a", pelo menos foi assim que passei a enxergar, de forma inocente, a minha realidade. Tornei-me, pela circunstância ou não, uma criança nervosa, sentimentalista, ansiosa, organizada e, por evidência, carreguei essas características ao longo da vida.

O meu pai adotivo tinha uma padaria em sociedade com outros quatro irmãos, e foi lá o meu primeiro local de trabalho, dos quatorze até os vinte e dois anos. Lembro-me de que a minha carteira de trabalho foi assinada no ano de 1980, a partir de quando comecei a ganhar os meus primeiros salários — um ano antes havia servido à Força Aérea Brasileira. Ainda em 1980, o meu irmão adotivo assumiu a padaria, e lá permaneci trabalhando por mais dois anos, quando decidi empreender novos desafios.

Da fase de ser criança, da "crise de identidade" de adolescente e do início da vida adulta, tenho boas recordações e outras não tão boas assim, como a convivência com as minhas angústias e os meus medos, os quais, por diagnóstico, são de ordem emocional. Nada que me impedisse de lutar, trabalhar e conquistar metas, objetivos. Hoje, valorizo tudo o que conquistei, porque cada conquista resultou de esforços e determinação próprios, sem jamais, graças a Deus, falhar naquilo que desejasse realizar, agindo com muito caráter, honradez, honestidade e assim sempre o será.

Confesso que não foi fácil ser o/a protagonista de uma vida de meia adoção, e isso precisa ser dito pela relevância dos fatos e para que este trabalho não caia no ostracismo. Meia adoção, para mim, foi como se eu tivesse ficado no meio do caminho, nem lá nem cá, "sem pátria definida", sem identidade. Por mais que tenham feito para o meu bem, ficou a dor da meia adoção, a dor do "meio do caminho", a dor de uma criança que congelou as suas emoções naquele tempo passado, quando nenhum deles formalizou o ato de doação-adoção, deixando ao acaso das possibilidades o sentimento de pertencimento, cuja importância há pouco compreendi. Reitero que nada invalida o carinho e dedicação recebidos, e isso precisa ficar bem claro, e, com a mesma clareza, dizer que este momento nada tem a ver com qualquer relação material, muito, mas muito longe disso. O dilema é estritamente emocional. Era apenas uma criança.

VIDA ACADÊMICA E PROFISSIONAL

Nunca fui uma criança brilhante do ponto de vista acadêmico. Ingressei na primeira série com nove anos, em 1969, no Grupo Escolar Barreiros Filho, situado no centro de Florianópolis. Hoje, a estrutura de engenharia alemã abriga uma Igreja Luterana. Lá permaneci até a quarta série. Pelo que me lembro, não gostava de frequentar a escola, mas não atribuo essa negação apenas à minha pessoa, pois muito dessa rejeição foi por conta do método, uma constatação a que cheguei depois de refletir sobre didática nos bancos da universidade.

A minha quinta série foi no Grupo Escolar Lauro Müller, também no centro de Florianópolis, aliás, bem próximo à minha primeira escola. Aqui foi uma passagem breve, apenas um ano, e não me ajudou em nada a gostar da escola. Provavelmente a escola

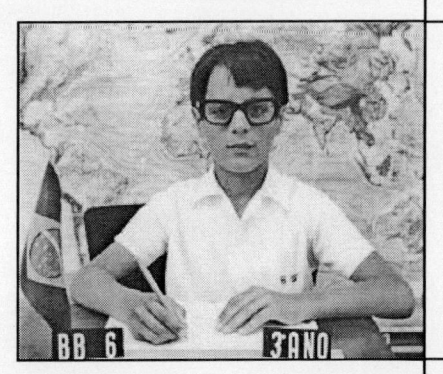

permanecera com o método, e eu com minha costumeira rejeição ao método a que se destinava a educação da época.

Talvez a canção *Another brick in the wall — Outro tijolo na parede*, tradução livre —, do Pink Floyd, se tivesse sido lançada naqueles tempos, fosse ouvida e tomada como crítica pertinente ao sistema vigente ao afirmar que "Não precisamos de nenhum controle de pensamentos". Mais fácil seria ela ser censurada.

Das salas de aula de outrora, guardo lembranças singulares como as carteiras de madeira escura enfileiradas; o crucifixo na parede; os armários de madeira com portas de vidro ao fundo da sala deixando à mostra os materiais escolares de várias turmas, muitos fornecidos pelo governo, como os cadernos de folhas amareladas e ásperas com a letra do Hino Nacional e o da Bandeira estampadas na contracapa; o lápis preto, a borracha e o apontador em vez de caneta; a lancheira, uma maleta plástica que armazenava uma garrafa para suco e um pão, embrulhado em um guardanapo de pano; o Hino Nacional cantado no início do turno; o uniforme, uma camisa de botão com as iniciais do nome da escola bordadas no bolso usada por dentro da calça de tecido azul-marinho; e a esperada foto anual, em que, sentados, nos debruçávamos em uma mesa adornada com uma pequena bandeira nacional e uma placa identificando nossa turma e série. Impossível que alguém daquela época não tenha uma recordação dessas.

Da sexta série até a conclusão do segundo grau, estudei no Instituto Estadual de Educação. Esse período corresponde aos anos de 1976 a 1981. Confesso que ainda não havia despertado o gosto pela educação, mas nem tudo estava perdido. No último ano do segundo grau fiz formação em "Redator Auxiliar", um curso técnico secundarista. E foi ele que despertou as minhas aptidões e trouxe à luz tanto o apreço pelas disciplinas de humanas quanto a falta dele pelas disciplinas de exatas, em especial química, e biológicas. Por seleção natural, creio, procuramos estreitar relações com as coisas que temos mais afinidade, e assim foi a minha relação com os estudos.

E foi por afinidade que cursei os quatro anos de Licenciatura em Filosofia, na Universidade Federal de Santa Catarina (UFSC) (1985-1989). Entreguei-me por inteiro/a à vida acadêmica e nela destaquei-me, sem nenhuma modéstia, recebendo um diploma de honra ao mérito assentado num papel vegetal e uma medalha, também de honra, por ter adquirido o melhor índice de aproveitamento em um universo de duas turmas. Os meus pais de criação, Azuir e Maria, ficaram orgulhosos; o meu tio Darci transpareceu satisfação, revelada pelo olhar de afeto que lhe era peculiar; e os demais parentes e amigos estavam exultantes. Foram anos acadêmicos inesquecíveis e um belíssimo dia de formatura, que, por vezes, recordo com orgulho.

A graduação em Filosofia me fez retornar ao Instituto Estadual de Educação na condição de professor de Filosofia e Sociologia. Um momento emblemático, por certo. Mas, antes disso, em 1989, no Grupo Escolar Hilda Teodoro Vieira, na Trindade, em Florianópolis, experimentava meus primeiros ensinamentos em Filosofia.

Apenas em 1994 voltei à sala de aula, para uma Especialização em Administração Escolar. Não que houvesse parado de estudar, de ler, de pesquisar. Aliás, há muito tempo disponho e divido minha vida entre leituras, pesquisas e escritas. Foram dois anos na pós-graduação dedicados a teorias, decretos e leis sobre educação no Brasil com o propósito de aquietar meus conflitos com os métodos educacionais. Discussões acaloradas sobre o Plano Decenal de Educação para Todos (1990-2000), cuja relatora foi Ângela Amin, hoje deputada federal por Santa Catarina; a Proposta Curricular do Estado; as óticas de Darci Ribeiro e Cid Saboia; entre tantas outras não menos importantes que me oportunizaram, uma vez qualificado/a, ocupar cargos de coordenação e direção de colégio.

Com a vida acadêmico-profissional apenas no início, lecionei em mais três colégios na Região da Grande Florianópolis: no Catarinense, no Dom Jaime Câmara e no Colégio Lavoisier, neste também atuei na coordenação e direção escolar.

Em paralelo às atividades na área da educação, em 1994 passei no concurso público para Técnico em Atividades Administrativas da Secretaria de Estado da Saúde de Santa Catarina, cargo em que permaneci até 2019, quando requeri afastamento de licença para aposentadoria. Foram quase cinquenta anos, considerando o tempo especial de insalubridade, dedicados à educação e saúde.

Nada foi fácil ao longo desses anos. E dividir-me entre a vida pessoal e a ideologia acadêmico-profissional exigiu tempo para estudar e ganhar dinheiro, pois, além de me sustentar, tinha de sustentar os meus dependentes, algo normal para o padrão de uma sociedade capitalista. Mas, por conta das obrigações de provedor/a, os projetos acadêmicos foram perdendo espaço para as atividades profissionais que fui assumindo e exigiam cada vez mais tempo e dedicação.

Nesse cenário, minha trajetória de servidor/a iniciou-se limitada pela inexperiência nas funções que me aguardavam no sistema de marcação de consultas, setor no qual permaneci por quase dois anos. Depois, fiz parte do quadro de servidores do Centro de Estudos e Aperfeiçoamento (CEAP) por dois anos e, na sequência, do Laboratório, no qual desenvolvi atividades administrativas e chefiei, por um curto período, a divisão administrativa. No ano de 2007, com a extinção do Laboratório, fui transferido/a para a SC Transplantes, passando a responder pela divisão administrativa da Central de Notificação, Captação e Distribuição de Órgãos e Tecidos para Transplantes do Estado de Santa Catarina (CNCDO/SC). Foi nessa divisão que me encontrei como profissional e desenvolvi atividades que vieram a contribuir com os anseios sociais e com o meu entendimento da aplicabilidade dos investimentos do Sistema Único de Saúde (SUS), um dos mais complexos sistemas de saúde do mundo, tanto no âmbito estadual quanto no nacional.

Acredito, pois, que não deva haver limites entre vivência profissional e formação permanente, postura que, somada à prática da pesquisa independente, oportunizou o acesso ao doutorado pela Universidade Católica de Santa Fé, na Argentina, um significativo projeto pessoal a ser desenvolvido. Tal encaminhamento refere-se a uma tese na área da saúde com foco em transplantes de órgãos e tecidos sob uma perspectiva da humanização dos serviços prestados e cujo título é *Considerações acerca do ato de doar: uma análise bioética do ponto de vista da Antropologia Filosófica*.

A partir do momento em que comecei a me envolver com o universo da doação, constatei que, além da operacionalização técnica do ato de doar ou de consentir a doação, existem outros aspectos, como o da subjetividade e o da abstração. Existe, acima de tudo, a necessidade do entendimento holístico do processo de doação de órgãos e tecidos para transplante. E não por acaso a Filosofia, em especial a Antropologia Filosófica, foi trazida a esse projeto para elucidar alguns pontos que o senso comum e até mesmo a ciência não se detiveram em analisar, ainda que a Filosofia não tenha a prerrogativa de elucidar o que quer que seja.

Reitero: não há tempo esgotado para a descoberta, a investigação, o conhecimento da essência das coisas quando o objetivo é compreender não só a funcionalidade daquilo que nos cerca, mas o que move essa funcionalidade. Logo, tentar o doutorado pareceu-me viável em grande parte pelas implicações do tema proposto, salvo melhor juízo.

E por que entendo que a pesquisa deva ganhar rumo fora do ambiente onde os transplantes são operacionalizados e longe das pessoas a eles relacionadas? Penso que a academia possa contribuir com subsídios teóricos valiosos, a fim de uma análise que vai além da operacionalização e funcionalidade nos transplantes, evitando-se beneficiar as características técnico-burocráticas em detrimento da subjetividade e da abstração que circundam a essência dos transplantes, fórum primeiro das inquietações levantadas. Nesse contexto, a teoria essencialista e a racionalista parecem um caminho viável às especulações iniciais do tema proposto.

Além do que aqui expus, e considerando a minha experiência alongada com os serviços em saúde e como a subjetividade em torno da disforia de gênero se mostrou tão potente quanto os aspectos técnicos, parece-me ter chegado ao momento de estreitar os laços entre as áreas que escolhi como profissão e paixão. Afinidade pelo humano. Aquela afinidade que surgiu quando iniciei o curso de Redator Auxiliar.

Tenho a convicção de que a educação deva ser condição *a priori* em qualquer gestão pública ou privada, e que a saúde deva ser encarada como um *continuum* de prevenção e responsabilidade pela cura. Assim, todo protocolo em saúde, seja para a doação de órgãos e tecidos para transplantes, seja para a disforia de gênero, seja para qual patologia for, deve ser tomado como uma questão indissociável de educação e saúde.

RELATÓRIO DIAGNÓSTICO DE DISFORIA DE GÊNERO

Talvez por curiosidade ou por necessidade, você, leitor/a, encontre no longo trecho a seguir, referente à íntegra do meu relatório de disforia de gênero, subsídios para rever a sua opinião sobre essa condição, as possíveis causas e os processos a ela inerentes. Como conclui esse importante documento, a transexualidade subjaz o querer, o desejo, a afronta, a rebeldia, o desvio moral, a falta de caráter, o sem-vergonhismo e não tem o poder de proteger ninguém das interações com o Outro, que, nesse contexto, se mostra bastante cruel, inumano, preconceituoso na maior parte das vezes.

Para evitar estigmas e pré-julgamentos, é importante conhecer os conceitos relacionados à disforia de gênero e, por isso, faço alguns esclarecimentos: quando o meu relatório foi emitido, em 2018, a Organização Mundial da Saúde (OMS) ainda entendia a disforia de gênero como um desconforto que acomete o indivíduo quando este não se identifica com o gênero biológico atribuído em seu nascimento, podendo, tal conflito, gerar diferentes contornos conforme a realidade psicológica, social e cultural de cada um. E esse entendimento está assentado na Classificação Internacional de Doenças (CID-10) como doença mental relacionada aos transtornos de identidade de gênero — codificada como F640, F641, F642, F648, F649. Mas ainda em 2018, a OMS, ao publicar a CID-11, removeu o transtorno de identidade de gênero do capítulo de doenças mentais, alterou a nomenclatura de disforia de gênero para incongruência de gênero e criou um capítulo à parte para a saúde sexual, esperando, com essas ações, impactar de forma positiva a percepção equivocada das pessoas a respeito da diversidade de gênero.[2]

Em linguagem técnica, o meu laudo conclui: "Disforia Male-to-Female (Mtf)[3] crescente, com possível transtorno de identidade de gênero tipo F.64 no CID-10 da Organização Mundial da Saúde (OMS), ou mais provável como GIDNOS (F 64 – F 64.0 – F 64.1 — F 64.2 — F.64.8), com feminização que ultrapassa os 81%. Período de acompanhamento: 2007 a 2018".

---

[2] Para saber mais, consulte: https://unaids.org.br/2018/06/oms-anuncia-retirada-dos-transtornos-de-identidade-de-genero-de-lista-de-saude-mental/ e https://icd.who.int/en. Acesso em: 2 out. 2022.

[3] De homem para mulher — tradução livre do/a autor/a —; designada como homem no nascimento e em transição para mulher.

Marcio (Cris) se mostra com disforia de gênero, Mtf com origem ignorada, provavelmente não congênita devido a fatores biológicos (genéticos e endócrinos, possivelmente agravados pelo estado emocional da mãe durante a gestação), mas adquiridos, de forma crescente e gradual ao longo da vida, principalmente dos últimos anos.

Pode ser, em princípio, classificado (a) como um (a) paciente com uma disforia Mtf crescente e pode sofrer de um transtorno de identidade de gênero do tipo F.64 no CID 10 do OMS ou, ainda mais provável como GIDNOS (F.64.8).

A causa desse transtorno pode estar relacionada a um problema mental, dele derivado, ou pode ter ocasionado distúrbios mentais dele decorrentes?

Precisamos pesquisar antes de um diagnóstico final sobre o paciente.

COMENTÁRIOS

A feminilidade inesperada da paciente teve forte impulso desde os mais tenros dias de sua infância, de forma muito forte, ainda na fase pré-púbere. Isso caracteriza uma condição F.64.2 na classificação do CID 10 da OMS.;

A feminilidade inesperada desde a primeira infância foi extrema, fazendo-a sentir-se desde sempre uma menina e nunca um menino;

Todo o tempo de sua vida se sentiu feminina. Isso demonstra o teste MFX. Mesmo sofrendo repressões no meio, e impedimentos íntimos, sempre se sentiu menina e mulher e nunca um homem;[4]

Sua condição inesperada não foi criada por problemas mentais, mas prenatalmente, por condições genéticas e hormonais durante o desenvolvimento de seu sistema nervoso central. Sua condição é bem típica nesse sentido;

---

[4] Ainda que ao longo da minha vida eu me apresentasse na condição biológica de gênero original e tivesse relacionamentos com o sexo oposto, isso ocorreu em razão de uma educação sexual culturalmente repressora e, depois, por eu ter aceitado reprimir qualquer outra condição, pois não parecia haver possibilidade concreta de reação convergente ao estado "disfórico".

Sua condição mental, por outro lado, como consequência de dificuldades, sugere algumas consequências, mas, sem necessidade de cuidados especiais;

Certamente lhes serão benéficos cuidados que lhes permitam ser mais e mais mulher, mais feminina, mais bonita, mais completa, para que se sinta melhor consigo mesma e no meio social;

Ela precisa de hormônios, de cirurgias feminizantes e de orientação e aconselhamento para se sentir mais perfeitamente como mulher;

Conclusão: *De forma alguma sua disforia de gênero deriva de um transtorno mental. Deriva sim, de problemas genéticos e hormonais, durante sua gestação. A paciente requer tratamento amplo à sua condição.*

Análises gráficas evidenciam características esperadas e algumas inesperadas como pouca depressão. Identificação INTENSA COM OS ESTEREÓTIPOS FEMININOS. Demais escalas pouco ou nada alteradas.

Síndrome de Asperger não detectada.

CONCLUSÃO DA ÍNTEGRA DO RELATÓRIO:

Não sugerimos como necessário o acompanhamento psicoterápico dessa paciente por sua situação de personalidade manipulativa, nem pela evidência de feminilidade no extremo esperado, o que indica uma consequência de sua disforia de gênero.

As outras escalas, mesmo algumas um pouco alteradas, não parecem merecer maior atenção.

A disforia de gênero, intensa e mesmo extrema, não nos parece ter SUA ETIOLOGIA RELACIONADA COM ALGUM DISTÚRBIO MENTAL POSSÍVEL.

Nem a tendência à manipulação deve estar a gerar, nem em parte, essa expressão estereotipada de feminidade.

Seus testes e anamnese indicam a possível etiologia de sua disforia de gênero, intensa e mesmo extrema, estar relacionada com sua gestação. Suas partes basais do diencéfalo (hipotálamo e corpos amigdaloides) não masculinizaram como seria de esperar.

Não houve no período crítico de diferenciação sexual intrassexual intrauterina do feto, testosterona ou testosterona ativa suficiente para a masculinização ou masculinização completa dos tecidos basais.

Esse fato parece estar relacionado ao estado emocional da mãe, possivelmente bastante estressada nesse período, o que ocasiona a inibição da produção de testosterona nos testículos do feto, com a consequente não masculinização de seu diencéfalo.

A paciente não tem qualquer responsabilidade por ser como é uma menina Mtf e por se sentir menina bem feminina desde sua primeira infância.

Sua personalidade manipulativa pode ser responsável por possíveis exageros, mas não pela disforia em si.

Dra. MC Torres. M. Sc., Ph. D
Gendercare.com
Membro da WPATH (antiga HBIGDA) desde 2002.

Tentarei decodificar o que transcrevi de um relatório complexo, denso, revelador, até então fora da minha realidade cotidiana e que esbarra na mais profunda ignorância social — o termo "ignorância" tem a conotação de ignorar o conhecimento —, na qual me incluía antes de ter em mãos esse documento. Não que desconhecesse por completo o que se passava na minha vida antes de 2007, momento em que começavam a se materializar conhecimentos mais sólidos acerca do "fenômeno" disforia de gênero, que, até então, eram especulações de senso comum.

Esclareço que o meu acompanhamento profissional não se limitou ao relatório da clínica Gendercare, pois a ele antecederam e se sucederam consultas a psicólogos, psiquiatras, outros especialistas, e até na regressão me aventurei.

Já cônscio/a da minha situação e de que "lutar contra" seria mais traumático do que aceitá-la como condição *sine qua non* às características sintomáticas de quem vive em disforia de gênero, comecei a incorporar em silêncio os meus tratamentos medicamentosos, a exemplo dos hormônios. Ressalto que todo esse processo se deu e tem se dado com a responsabilidade que me é peculiar, com muita prudência e foco primeiro na saúde, pois sempre contei com a supervisão de médicos especializados — clínico geral, endocrinologista, cardiologista, dermatologista, psicólogos, psiquiatras —, a maioria conveniada ao Sistema de Saúde do Município de Florianópolis, um sistema integrado em rede que possibilita aos profissionais acesso à leitura de *anamneses,* exames, sintomas e diagnósticos dos pacientes.

Mas nada foi ou será fácil em uma vida disfórica que vai de encontro a uma cultura social hipócrita — capaz de fingir, de dissimular os verdadeiros sentimentos e intenções —; cruel — que gosta de fazer o mal, de atormentar o outro —; e injusta. Hipócrita e cruel pelas circunstâncias às quais as pessoas são expostas, e injustas pelas avaliações e julgamentos premeditados, sem conhecer os fatos ou se preocupar em saber a seu respeito. É! Sente as dores quem as tem.

A dificuldade também gira em torno da falta de acolhimento na família — aqui me reservo a uma explicação: situação vivida por mim, com a minha família. Evidente que há casos em que as famílias são solidárias e mais bem resolvidas em relação à disforia de gênero, a ponto de não colaborarem com o estabelecimento de traumas mais prolongados, muitas vezes crônicos.

Somente depois de muito tempo percebi, a distância, a tentativa de acolhimento de alguns membros do meu núcleo familiar. Nem tudo estava perdido. E como a vida continua, apesar do que possa nela surgir ou com quem nela vamos interagir, precisamos criar mecanismos de proteção que nos possibilitem viver a vida que precisa ser vivida. E eu não escapei à necessidade de criá-los e de ainda mantê-los.

Por certo não vivi isolado/a, mas a minha experiência me ensinou a ser mais cauteloso/a com quem acolho em minha vida. Os tratamentos médicos possibilitaram elos efetivos e, em parte, afetivos. Sim, os animais possuem o mecanismo de se adaptarem ao meio em que vivem, e não foi diferente comigo, que, longe da família consanguínea, pelas circunstâncias expostas, me aproximei de pessoas que pudessem me auxiliar no processo de transição e na minha vida emocional, mas não só isso. Com elas criei laços de amizade que me fizeram sentir de fato um Ser Humano, acolhido, assistido e não solitário, pelo menos em parte.

SER HUMANO

*Não basta parecer humano,
é preciso Ser Humano!*

Há algum tempo venho ponderando sobre em que condições o Ser Humano é submetido ao meio social, ou nele acolhido, e até considerando a falta de condição de se Ser, por excelência, Humano, mesmo que muitos sejam humanizados a partir de protocolos antropológicos e sociológicos bastante burocráticos.

Não basta o/a mais notável médico/a e a sua equipe executarem com maestria uma complexa cirurgia em um paciente se o corpo for considerado apenas na sua mais profunda inércia. É fundamental ter em conta a condição de Ser Humano na sua integralidade.

Não basta um/a brilhante advogado/a conhecer as minúcias das leis e vencer todos os processos se encarar o/a cliente como uma causa a ser ganha, um número estatístico de sucesso. Por trás das leis, artigos, decretos e papéis está um Ser Humano lutando contra matérias tanto objetivas quanto subjetivas.

Não basta contratar o/a mais inovador/a arquiteto/a para projetar uma linda casa se a relação arquiteto/a e cliente ficar impressa apenas nas paredes de concreto e não levar em conta que Seres Humanos a habitarão idealizando um lar, e não a elevação de um edifício.

Não basta o/a mais letrado/a professor/a ministrar brilhantes aulas se as abstrair da realidade social e não contemplar o Ser Humano no meio em que vive e se desenvolve, sob pena de formar "homens de papel", meros burocratas e seres acríticos.

Não basta Ser Humano no plano teórico, dissociado dos planos psicológico, emocional e social, pois é no meio que o Ser, em relação, condiciona o Humano. Portanto, o que caracteriza um Ser a ser de fato Humano não é a condição econômica, a orientação sexual, a escolha de *hobbies*, mas as atitudes nas relações entre os homens, sem hipocrisia, elevando o respeito a todos sem qualquer distinção.

Não basta Ser Humano se permitir ser cruel com o outro, sobretudo julgá-lo, em especial se sustentado por rasas convicções; apoiado em ensinamentos equivocados; alicerçado em argumentos infundados; debruçado na ignorância e embebido em preconceitos.

Em que Ser Humano me transformei ao ser acometido/a pelos primeiros sintomas da disforia de gênero antes mesmo de sabê-la como tal? A resposta a essa questão tem sido uma incógnita mesmo para mim. Mas, como todo Ser, sou um/a Humano/a em transição, que sempre esperei do outro o mesmo respeito que ao outro ofereci.

CONSTITUIÇÃO DO MEU EU E POSSÍVEIS TRAUMAS

Relatórios técnicos são compostos de representações gráficas, termos, números, símbolos e linguagens aos quais o senso comum não tem acesso e que objetivam enquadrar o/a paciente a uma "lógica formal", isenta de sentimentos. Com o meu em mãos, importa como ele me faz sentir diante do inegável: nada é fácil, nada foi fácil.

E o que fazer com o que o relatório não poderia dar conta: o passado, cheio de angústias, autocensura, inquietações? Não à toa mantive um Eu no anonimato até onde foi possível. O sofrimento, o desgaste, as dúvidas, as horas de tédio e os choros até agora foram testemunhados apenas pelas "paredes mais íntimas" dos lugares que frequentei sozinho/a. Talvez devesse ter desconsiderado o "mundo lá fora" e, por consequência, as pessoas que, sem compreender o que se passava, me condenaram; no entanto, por conta da minha criação e educação, não conseguiria deixar de pensar no mundo lá fora e nas pessoas que nele habitam. Confesso que seria mais fácil se assim conseguisse, mas não posso me enganar.

Muitas vezes pensei que mostrar o relatório de disforia — um documento não apenas técnico, mas legal — para o mundo facilitaria a minha vida, assim todos poderiam compreender os fatos e tudo ficaria em paz. Ledo engano? Ainda não tenho essa resposta para dar, mas, em razão desta obra, logo a terei. Até lá, nos momentos de emotividade assim reflito: nada mudará; alguns ficarão sensibilizados, outros, indiferentes; outros mais nem o lerão; e cada um continuará a sua vida como se nada tivesse sido dito ou compreendido.

Com o tempo aprendi que deveria me aproximar de pessoas de boa-fé, ou deixá-las se aproximarem, e com elas alongar relações, pois poderiam me entender e contribuir para o meu bem-estar, e vice-versa. A propósito, há algum tempo assim faço e isso tem facilitado muito meu fluxo e qualidade de vida. Porém, ainda distante da vida leve e saudável que desejo e mereço e que o diagnóstico, a despeito da sua legitimidade, não me proporcionou no todo.

Em meio ao caos, eu fui "construindo" a Cristiane, que passou a dividir espaço em minha existência com o Marcio. Onde um/a começa e o/a outro/a termina eu não sei, nunca soube. Talvez o relatório de disforia sirva mais ao papel de "certidão de nascimento". Pensando bem, se nem eu tenho consciência ou memória de como tudo se configurou, de como me sinto no limite da abstração ou do acolhimento dos gêneros que em mim transitam, como exigir que as pessoas, ainda que próximas, consigam me entender? O que peço por mim e pelos demais? Respeito. Ninguém precisa entender ou aceitar, apenas respeitar. Afinal, somos iguais em virtude das nossas diferenças e, por conseguinte, somos a extensão do outro e vice-versa.

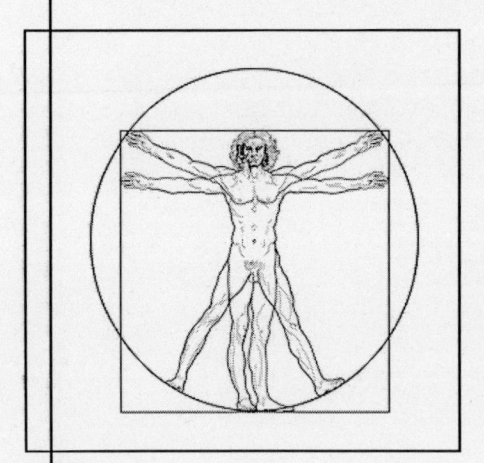

DESCONSTRUÇÃO DE UM EU

*Desconstruímo-nos o tempo todo
e não nos damos conta.*

De quantos Eus o homem, ser racional, precisa para Ser Humano, ser biológico? Um, dois, múltiplos e infinitos Eus? Podemos construir e descontruir Eus? A que facultamos a extraordinária capacidade do Ser de conduzir a própria desconstrução de um Eu? Somos um e somos múltiplos. O Ser Humano, penso, precisa de pelos menos dois Eus para evoluir e, em meio aos conflitos entre si, restabelecer a própria ordem emocional e existencial. O Ser Humano carece de autoconhecimento.

Sócrates afirmava que deveríamos nos ocupar menos com as coisas e mais conosco, a fim de que, ao nos conhecermos melhor, pudéssemos modificar a relação que temos conosco, com o outro e com o mundo. "Conhece-te a ti mesmo", esse seria o caminho que levaria à verdade de cada um. Talvez ao nosso Eu, a cada um deles. À luz dessa discussão, o contemporâneo Leandro Karnal expressaria: "Só quando eu descubro que eu sou ninguém, meu eu profundo, minha identidade pode emergir"[2].

Sob essa perspectiva, é no conflito, na descoberta, no autoconhecimento que a desconstrução de um Eu se materializa e possibilita a construção de outro Eu, em ciclos. Afinal, não há guerra sem luta, vitória sem persistência, amor sem dedicação ou ódio que não possa ser vencido pelo afeto e inumanos que não possam ser resgatados ainda neste plano. Mas voltemos à inquietação inicial: a desconstrução de um Eu. Como vivemos em constante conflito interno, a desconstrução de um dos nossos Eus não nos deixaria "órfãos", não havendo morte nem nascimento, antes possibilitaria a evolução permanente, o autoconhecimento que nos liberta para escolhas que privilegiem o nosso bem-estar no mundo.

Vivemos, pois, em contínua transformação, e a inquietude que nos consome jamais deveria ser encarada como problema ou coisa que o valha quando somos, no limiar da razão, impulso, ideia, pensamento, atitude; "somos uma metamorfose ambulante", assim expressou Raul Seixas com sua "quase lucidez". Ao Ser Humano análogo a um "laboratório ambulante", não apenas no sentido anatômico mas também no mundo das ideias[5], reservamos o direito à liberdade de escolha sobre atos, fatos e impressões do cotidiano sem prejuízo ao contexto biológico, familiar, social, histórico de cada um.

---

[5] Não o mundo das ideias defendido pela filosofia platônica.

Assim, materializo no autoconhecimento, na minha evolução como Ser Humano, não apenas a construção de um Eu, mas também a sua desconstrução, quantas vezes forem necessários para o meu bem viver. Devo seguir em frente ou fazer o caminho reverso? Não importa a escolha da direção a seguir, pois sei que nenhuma será simples ou se dará a um estalar de dedos. Sei também que os passos que darei no caminho pavimentado com as pedras que recebi não se apoiará na mesma intensidade emocional vivida antes. E sei mais: mesmo sendo possível retornar ao ser biológico, essa desconstrução jamais me tornaria um Ser realizado.

Que jamais sejamos desencorajados/as às mudanças, pois estaríamos, quiçá, perdendo a oportunidade de aprender e de evoluir.

Que jamais nos tirem o sabor do ócio produtivo e o poder do livre expressar.

Que jamais percamos a autonomia do ato de decidir sobre nós mesmos.

Que não nos tirem o poder da desconstrução, por mais incompreensivo que possa lhes parecer, pois toda desconstrução é um ato de amor-próprio do ser humano, um processo de decisão unilateral.

FELIZ ANIVERSÁRIO

Sentado/a à mesa do escritório, absorto/a em meus textos, recordei o dia que se despedia. Dia do meu aniversário. Mais cedo uma amiga me felicitou por mensagem e, sem me dar escolha, avisou que à noite traria um bolo para partilharmos esse momento. De nada adiantaria lhe dizer não que ela viria de qualquer jeito, e que bom que foi assim. Na sequência, minha filha ligou desejando felicidades, saúde, paz e reiterando que nos encontraríamos no próximo fim de semana, pois dia de semana é aquela correria. Compreensível! Isso para dizer que nem sempre estamos "sozinhos em nós mesmos".

O breve relato desse dia serve de exemplo por amostragem, pois a maioria dos meus aniversários sempre foi de dias melancólicos, isolados, nostálgicos e de profunda reflexão. A origem de tais sentimentos muito tarde vim a compreender. Havia certo desalento em celebrar essa data quando criança e sabia-me irmão/ã gêmeo/a. Havia uma ausência, consequência da meia adoção, que os adultos não deram conta de "cuidar". Com o passar dos anos essa ausência foi materializando o abismo entre o querer estar junto e o estar apartado/a, e de tal forma que acabou por se tornar intransponível.

Hoje compreendo a dimensão da influência do meio em que vivemos e das pessoas com as quais nos relacionamos — sua cultura, seus costumes, suas crenças. Por isso sei que comemorar um aniversário vai além de encher balões, decorar a mesa, expor bolos, docinhos, bebidas... envolve ter ao seu lado quem você ama e quem lhe tem amor.

É com o silêncio acolhedor do meu lar e as minhas reflexões e inquietações escritas que completo mais um feliz aniversário. Mais um dia, inesquecível dia.

RAZÃO DE TODAS AS RAZÕES DA MINHA VIDA

Não basta-nos o desejo de feliz aniversário.
É preciso se sentir feliz

Recuando o tempo até 1989, em 22 de julho, às 17 horas, me casei. Confesso ter vivido momentos difíceis em meu casamento, mas quem não os viveu, em quais relações humanas não há contrapontos, discussões... Hoje, com mais maturidade, serenidade e resiliência, lembro-me dos bons momentos e os guardo com carinho, sobretudo porque geraram o "fruto" mais importante da minha vida: a minha filha, razão de todas as razões da minha vida. Deus é perfeito em seus desígnios, e me presentear com a paternidade foi maravilhoso, um desafio que colocou à prova as minhas convicções de filho/a meio/a adotado/a.

Sinto muito por não ter estado mais presente no dia a dia dela. Em parte, pela conciliação das atividades que desempenhei ao mesmo tempo nas áreas da saúde e da educação, circunstância que me desgastou profundamente.

Mas muito foi pela minha condição oculta de disforia e suas consequências, que, à época do seu nascimento e infância, nem ao menos assim se configurava, a que reservo um capítulo à parte da nossa relação pai e filha.

Desde sempre, a minha maior preocupação foi protegê-la do julgamento alheio, e acabei, sem o querer, afastando-a de mim por conta e risco do que eu "julguei" ser melhor para ela. Nesse contexto, o convívio com a família que constituí, e em especial com a minha filha, sempre foi pautado no que eu entendia ser "certo" e fonte de bons princípios, sem nunca ter sido necessária qualquer repreensão a ela, e sempre contendo ao máximo qualquer dúvida a respeito da minha condição.

Não por outro motivo, expor a público o teor do relatório de disforia de gênero gerou os mais fervorosos e inconclusivos embates comigo mesmo/a. Sei que deveria ter agido como pai que sou e convidá-la ao diálogo, mas faltou-me coragem para ter essa conversa de pai para filha, o que determinou, em consequência, o não compartilhamento de uma série de acontecimentos que, salvo juízo equivocado, teriam sido mais suportáveis se ela estivesse ao meu lado.

Até recentemente acreditei que ela soubesse de algo a meu respeito, ainda que de modo distorcido, sem qualquer fundamentação relacionada à disforia de gênero; talvez pensasse em mim como bissexual ou gay. Como não pensaria? Nesse caso, a falta do diálogo aberto em nada contribuiu para ambos e a minha posterior não "revelação" sobre a disforia de gênero, admito, se deu pelo medo de rejeição da pessoa, repito, mais importante da minha vida.

A circunstância da revelação se materializaria apenas com a finalização da escrita desta obra, que serviria de mensageira daquele/a que, imbuído/a de pouca coragem, enviou-a à filha para que ela, depois de lê-la, a prefaciasse.

Surpreso/a e emocionado/a fiquei ao receber uma ligação dela, acolhedora, sensível e respeitosa, no limite da abertura que o momento permitia, ou melhor, que "eu" me permitia, falando da sua ciência do conteúdo, em especial do relatório, e do que estava pensando para o prefácio. Quanto tempo desperdicei.

Nenhum fator biológico, nenhum dado estatístico, nenhum texto técnico, nenhuma representação gráfica superaria a palavra de um pai, uma mãe, um/a filho/a, um ente querido/a com o propósito de comunicar algo dessa relevância, pois há um nível de sensibilidade no diálogo que um laudo dificilmente alcançaria sozinho. Hoje, eu sei. Assim como sei que para cada um/a há um contexto particular que pode impossibilitar ou viabilizar esse mesmo diálogo.

Por certo os pais devem dar exemplos aos filhos, e se espera bons exemplos. Mas a minha filha também me deu muitos e bons exemplos de dedicação, de garra, de moral, de ética, de equilíbrio emocional, de inteligência e determinação na conquista dos seus objetivos. Nunca frequentou uma escola particular e nem por isso deixou de se destacar como estudante, ingressando, aos 17 anos, na faculdade de nutrição e, aos 21 anos, no mestrado, com esboço de um doutorado encaminhado. Quanto orgulho!

Minha filha também se destacou no campo profissional, bastante competitivo, no qual apenas as pessoas com garra e persistência sobrevivem: o empreendedorismo. Empresária no ramo da nutrição, investiu no segmento de alimentação de estudantes em tenra idade. Considero-o um segmento dos mais complexos da área ao expandir a relação alimentação-criança ao assentimento dos familiares, os quais exigem, com razão, a entrega dos melhores serviços e produtos. Afinal, estamos falando de segurança alimentar, saúde e laços fortemente afetivos com filhos, netos, afilhados, e isso é imensurável.

A vida adulta também significou criar a própria família. Dizem que genro e nora podem se transformar em filhos/as, máxima com a qual concordo por experiência. Formaram uma dupla que cresce e vive uma vida saudável e próspera em todas as ramificações, pelo que os congratulo com veemência. Sigam a passos firmes, porque o caminho é fértil e próspero, apesar das pedras, as quais, não tenho dúvida, transformarão em grãos de areia diante dos seus objetivos e sonhos.

O TREM DA VIDA RASGANDO O VENTO, O TEMPO E ESCREVENDO AS NOSSAS HISTÓRIAS

Este não é um título de todo original. O trem da vida, como alegoria do tempo, costuma representar as marcas que a vida vai imprimindo à história de cada um. É um tema sempre atual e aqui ressoa as circunstâncias do meu cotidiano. A propósito, refletir sobre a vida é uma constante e uma necessidade humana.

A nossa jornada começa ao embarcarmos no vagão do trem da vida, quando encontramos os nossos pais, avós, irmãos/ãs mais velhos/as, tios/as... nos esperando...

Lá vai o trem da vida apressado, e não há tempo a perder, ele precisa seguir.

Lá vai o trem da vida apresentando o novo, ensinando o velho, mostrando as angústias e belezas da vida através das suas geométricas janelas.

Lá vai o trem da vida, ele precisa seguir. As únicas paradas são nas estações.

Lá vai o trem da vida revelando o quanto podem ser afetuosos os embarques e dramáticos os desembarques.

Lá vai o trem da vida em um único trilho e direção, sem volta, embarcando e desembarcando pessoas que deixam saudade. Pessoas de diferentes "tipos e formas", algumas dão prazer conhecer; outras, nem tanto, mas todas, mesmo sem o saber, em busca de crescimento, evolução.

Lá vai o trem da vida trilhando caminhos inexplorados e escrevendo histórias, histórias de vida.

Lá vai o trem da vida sobrevivendo, envelhecendo, adoecendo pessoas.

Lá vai o trem da vida, sim, lá vai o trem deixando marcas e cicatrizes pelos trilhos. A cada parada nas estações, surgem o incômodo, a angústia e a ansiedade do que está por vir.

Lá vai o trem da vida a destinos incertos, mas em contínuo avanço e sem possibilidade de retorno.

Lá vai o trem da vida testemunhando o quanto as pessoas são diferentes e o quanto é importante a diversidade para o crescimento humano.

Lá vai o trem da vida, de estação em estação, evidenciando o valor da humildade, do amor, da justiça, do acolhimento, do respeito e do caráter das coisas que o dinheiro não pode comprar.

Lá vai o trem da vida nem sempre permitindo que os erros cometidos sejam corrigidos.

Lá vai o trem da vida mostrando as histórias sendo construídas, destruídas, reconstruídas.

Lá vai o trem da vida recordando o que cada um viveu nas estações pelas quais passou.

Lá vai o trem da vida permitindo desembarques precoces sem explicação... muitos deixando entes queridos desolados, projetos inacabados, planos pausados.

Lá vai o trem da vida misterioso, sem indicar qual a próxima estação a parar.

Lá vai o trem da vida ensinando a nobre arte de viver, a qual o homem resiste a aprender.

Lá vai o trem da vida sempre a surpreender.

E se lá vai o trem da vida, não deixemos o abraço para depois, o beijo para amanhã, as flores e os bombons para quando houver motivo ou for possível...

Nesta VIDA o que vale é o AGORA![6]

---

[6] Em referência ao livro *O poder do agora*, de Eckhart Tolle, o qual inspirou a escrita deste ensaio.

SAUDADES DA MINHA INFÂNCIA

A infância é uma fase da vida da qual sinto muitas saudades, a despeito dos sentimentos que envolvem a meia adoção. Dela guardo a alegria de um mundo cercado de possibilidades reais, e não virtuais, que, à época, não passavam da nossa imensa capacidade de imaginar o inimaginável e correr para a rua dar conta dele. Hoje vemos as crianças com uma infinidade de recursos tecnológicos que tornariam qualquer sonho realidade, mas que as mantêm presas a uma tela que só faz consumir suas energias.

Percebo nas crianças um ar "robotizado", "criaturas" com uma capacidade surpreendente de armazenamento de dados que poderia dar inveja às de trinta, quarenta anos atrás. As nascidas depois dos anos noventa que vivem a tecnologia como se fosse "seu quintal de casa", encarando-a como um hábito natural. São usuárias de telas *touch*, navegam por portais de vídeos, configuram celulares e se mostram hábeis em jogos virtuais e a ensinar atalhos de funções para os adultos.

As pesquisas em minha infância eram realizadas em pesadas enciclopédias — avolumadas obras como *Barsa*, *Mirador* e *Delta-Larousse* — e ilustradas com caneta hidrocor e guache sobre papel almaço, cartolina ou papel milimetrado; e, ainda assim, muitas vezes os trabalhos ficavam incompletos e/ou inconsistentes. Quem podia, usava máquina de datilografia manual e, mais tarde, a elétrica, ou eletrônica, com corretivo, um avanço para a época. Quase podíamos errar sem precisar inutilizar a folha. Imaginem só! Esses eram alguns dos instrumentos que deixavam os trabalhos de escola "reluzindo" para as apresentações. Nos dias atuais, com apenas um clique, um universo de dados e informações se abre diante dos olhos e faz de qualquer pesquisa escolar uma dissertação exemplar.

De fato, as crianças contam com mais conteúdo e em diversidade. Porém, qual a qualidade desse conteúdo? Qual o nível de complexidade? E até que ponto esse excesso ajuda no crescimento cognitivo e formativo de uma criança? A fragmentação e superficialidade do conhecimento não deve criar bons pensadores, preparar eloquentes críticos ou formar uma sociedade que possa transformar o mundo. Ou deve?

As tenras gerações, em acentuada progressão, estão sendo marcadas pela superficialidade, pela "coisa pronta", pelo equívoco de que a tecnologia formará homens e mulheres melhores. Ao que parece, estamos cada vez mais diante de um abismo entre tecnologia e humanidade. As crianças, pela falta de tempo dos pais ou responsáveis, estes sobrecarregados com o trabalho, estão sendo afastadas dos mais primários elementos da natureza com os quais deveriam interagir: andar descalças, em contato com a terra, areia e mato; tomar banhos de chuva; sujar as roupas de barro e suor de tanto correr rua afora; ralar os joelhos e cotovelos... Essas brincadeiras faziam com que o contato com a natureza fosse direto, imediato e irrestrito, e serviam para "imunizar" os pequenos. As crianças eram mais saudáveis.

De certa forma, perdemos a essência da natureza humana e passamos à essência da natureza tecnológica; o homem está virando um robô sem se dar conta. É provável que essa nova essência, pela urgência dos tempos, possa causar mais doenças mentais no homem, a exemplo da depressão, da angústia, da ansiedade, da melancolia, tendo como consequências suicídios e outras impensáveis.

Saudades da minha infância, dela revisito brincadeiras, às veras ou às brincas, da criança que fui, da criança que irmãos e amigos foram, como pega-pega; amarelinha; esconde-esconde; bolinhas de gude; pipas, ou pandorgas; jogo de bafo; jogo de bola na areia; jogo de taco. A boneca Suzi — versão brasileira da americana Barbie, com seu parceiro Ken —, todos acompanhados de casas, carros e acessórios, aguçando a imaginação das meninas. As bicicletas não podiam faltar, ainda que poucos tivessem acesso a elas. O carrinho de rolimã não era novidade à época, e os de madeira e lata dividiam espaço com cavalos de pau, confeccionados com cabo de vassoura, para a felicidade da criançada, que saía tropeando com as pernas e fazendo barulho de comando com a boca.

E a lista, que é longa, segue fazendo a alegria de muita memória afetiva: o robô de lata era atração e estava diretamente associado ao filme *Perdidos no espaço*, com o Dr. Smith; revólveres com espoleta bem imitavam os dos adultos e estimulavam os meninos a brincar de "mocinho e bandido"; nas *As aventuras de Simbad*, um super-herói salvava princesas e combatia mulheres-cobra e ciclopes, monstros que povoaram imaginários por anos; o *Mágico de Oz* e *Alice no país das maravilhas* se tornaram clássicos do cinema refilmados até hoje; *Jornada nas estrelas*, a ficção científica mais famosa do mundo; e *Batman e Robin*, a dupla dos quadrinhos que marcou os anos 1960.

Inesquecível também era a programação de filmes e séries na televisão. Nas décadas de 1950-1970, com a televisão ainda em preto e branco e com muitos chuviscos controlados por um pedaço de palha de aço preso na ponta da antena, assistíamos a: *As aventuras de Rin Tin Tin*, curtindo o Forte Apache, o menino Rusty, o Tenente Rip Masters, o Sargento O'Hara e o cachorro pastor-alemão Rin Tin Tin; *Zorro*, cuja marca, "*Z*", deixada na traseira do sargento Garcia, era animada com efeito sonoro; *Família Addams* e as suas apresentações bizarras garantiam a nossa diversão; *A feiticeira*, com a Samantha mexendo o nariz para resolver situações inusitadas, aguçava a nossa criatividade; *Jeannie é um gênio*, personagem criada por Sidney Sheldon, nos fazia imaginar dentro de uma lâmpada; entre tantos outros.

Na ilha de Santa Catarina, as lendas ganhavam as ruas com seus bois de mamão, de corpos reproduzidos em compensado arcado coberto com tecido de chita, muito colorido, e cabeça preta; a Maricota, uma boneca gigante e de alongada silhueta vestida com roupas remendadas, tinha braços flexíveis que "batiam" nas pessoas que assistiam às apresentações; a cabra, com uma estrutura assemelhada à do boi, em menor escala, realizava movimentos mais ágeis, que alegrava a todos; o urubu, companheiro do boi nas apresentações, bem lembrava um parasita; e a bernunça simulava engolir as pessoas com sua bocarra. O ritual seguia, e ainda segue, com típicas cantigas que, na maioria das vezes, se mostravam desafinadas a "harmonizar" com o barulho dos tamborins e tambores.

Agora, como vivem e se divertem as crianças nascidas a partir dos anos 1990: de entrada, embarcam em um universo tecnológico sem limites, cujo domínio é evidente e surpreendente a qualquer adulto. Acabam, mesmo em tenra idade, adotando, como próprio da sua rotina, "fetiches tecnológicos": *tablets*; *smartphones*; televisores ultra HD, 4K; aparelhos de jogos e tantos outros equipamentos que, a passos largos, vêm influenciando e transformando uma sociedade inteira.

Com as ferramentas de busca *on-line*, as pesquisas, de qualquer natureza, ficaram mais ágeis. Hoje, com um único dispositivo dispomos de um universo de informações ilimitado. Aqui faço um alerta: tamanha facilidade pode tornar as crianças ansiosas, depressivas, com baixa estima e tantas outras psíquicas anomalias, e não apenas crianças, mas também jovens e adultos. Se em pensamento rogamos à volta dos velhos tempos em nome da relação direta e frequente com a natureza, para uma vida mais orgânica, considerando os elementos fundamentais água, terra, fogo e ar, bem improvável seria a total dissociação das benesses trazidas pelo avanço tecnológico.

Convenhamos, as brincadeiras de criança ficaram mais sofisticadas, dispendiosas, seletivas. Os gramados naturais, bem cuidados, dividem espaço com os sintéticos; o barro e a lama perderam campo, ninguém sai de casa quando chove a não ser que seja obrigado; os parques estão mais suntuosos, assim como os brinquedos. Suntuosos também se tornaram os passeios aos parques coletivos, com os clássicos piqueniques reeditados em pequenos eventos montados para as redes sociais; os cachorros "guapecas" foram substituídos pelos de raça, com unhas cortadas e pelagem ao vento cheirando a xampu caro; laços, fitas e outros acessórios completam o adorno canino. Quanto às bicicletas, estas são um caso à parte tamanho o investimento tecnológico que as transformou, muitas delas a "peso de ouro". Condomínios configuram-se nessas mesmas características, mas em menor escala, tentando tirar crianças e adultos dos apertados apartamentos, expondo-os ao sol e ao vento. A natureza faz bem! E assim a vida segue com outros olhares e prioridades. Porque precisa seguir.

Na vida, quase tudo é questão de equilíbrio. Difícil tem sido equilibrá-la. Famílias inteiras conectadas à rede ficaram próximas de quem está longe e longe de quem está próximo. Cada componente da família se transformou em uma "ilha", um "miniuniverso", distinto e desconexo dos demais. O século XXI parece ter impessoalizado a condição humana, e o que restou foram lembranças do quanto era bom reunir-se à mesa com a família; pedir bênção aos pais; tratar a todos com empatia, respeito; expressar cumprimentos educados; respeitar e valorizar os professores. É! Nossa sociedade evoluiu, mas esqueceu-se de trazer a condição humana consigo.

Embarcado/a nesse momento nostálgico, e ciente de que cada tempo — da infância à velhice, do passado ao futuro — nos atinge com desafios, problemas, adaptações, mas também promove aprendizados que nos permitem evoluir, desejo que o acelerado processo de desenvolvimento em todas as áreas pelo qual estamos passando desde o início do século XXI se assente sobre o que de melhor o passado ainda tem nos proporcionado: a relação homem-natureza. É, "embarquei antes do tsunami tecnológico".

NÃO VOU DESISTIR, AINDA QUE O ESGOTAMENTO SEJA CRUEL

Não nos damos conta do quão perverso o avanço tecnológico e o progresso humano podem ser ao Ser Humano.

Provável não seja possível repassar com fidelidade o que senti ao longo desses anos, perdidos em tempos pretéritos, e venho sentindo, sem prever aonde irei chegar. Todos foram anos difíceis do ponto de vista emocional, em estreita relação com a meia adoção; com a minha condição disfórica de gênero, que eu mesmo/a tenho dificuldades para aceitar e entender; com a ausência de uma família a que pudesse "chamar de minha"; com não ter conseguido manter a família que constituí; e com o panorama social que vem adoecendo as pessoas ao meu redor e a mim mesmo/a.

Nesse contexto, não desistir muito foi pela persistência, pela luta e necessidade de externar ao mundo que ser diferente não significa ser menos ou mais do que ninguém; significa apenas não ser o outro e possuir e assumir a própria identidade, o próprio Eu. Significa sermos diferentes uns dos outros, sim, nos mais variados aspectos — raça, personalidade, história, educação, necessidades, interesses — e na compreensão de que cada ser humano é um universo de complexidades, instabilidades emocionais, medos, ansiedades, conflitos...

E é quando externamos quem somos ou quem desejamos ser, e esperamos o respeito do outro, que o esgotamento é colocado à prova pela ausência de respeito ou pela hipocrisia da (in)tolerância. Ser diferente entre os diferentes tem implicado ser afetado/a e ferido/a pelo simples fato de querer ser quem nasci para ser, de querer transformar o meu corpo a ponto de me identificar com ele e por ele me sentir representado/a, de querer estar feliz com a identidade que assumi depois de tantos conflitos internos. O esgotamento, nesses termos, é construído palavra por palavra, silêncio por silêncio, gesto por gesto, em um processo cruel e contínuo.

É evidente que nem tudo foi ou será "caos" e dor em uma ontologia de vida. Não sobreviveríamos se assim o fosse. Até o mais cruel momento de esgotamento não me fez desistir da vida, ao contrário, impulsionou-me para o autoconhecimento, e com ele evoluí muito, aprendendo que me depararei com as mais diversas crises existenciais antes de qualquer evolução.

Nada foi por acaso e nada será ao acaso. Consciente desse fato e de que resistir aos esgotamentos me trouxe o provimento do autoconhecimento, me fortaleci a ponto de compreender o quanto sou importante a mim mesmo/a antes de sê-lo para outrem.

Fato é: não vou desistir, ainda que o esgotamento seja cruel.

ESTAMOS ESGOTADOS

Há muito tempo vivemos a métrica de uma perversa ideologia político-social. Há muito tempo escutamos palavras polidas, controladas, pseudoéticas e morais lançadas à sociedade com escopo de legalidade e a serviço de poucos, enquanto a maioria da população amarga estatísticas de falta de educação, presas no "calabouço do analfabetismo".

Há muito tempo a maioria da população adoentada se divide nos corredores dos hospitais, rogando por um atendimento digno, enquanto a minoria privilegiada goza dos mais caros e raros tratamentos em instalações impecáveis do setor privado.

Há muito tempo populações estão desprotegidas de segurança, enquanto uma minoria desfila em seus carros blindados, muitos deles mantidos com recursos públicos.

Há muito tempo as pessoas estão morando nas ruas ou em casebres em situação de risco, enquanto uma minoria resplandece em vultosas construções.

Há muito tempo as pessoas morrem de fome, enquanto uma minoria se esbalda em menus exóticos e bebidas caras.

Há muito tempo pessoas imploram empregos e são humilhadas porque não têm estudo ou experiência comprovada. Será que todos tiveram oportunidade, ainda que seja por equidade? A resposta é não!

Há muito tempo escutamos os gritos dos excluídos e fazemos de conta que não temos nada a ver com isso, sobretudo aqueles que ocupam o poder público. E, na política brasileira, tudo está reduzido à polaridade, e a tal ponto que expor a bandeira do país, um dos maiores símbolos nacionais, para alguns, "virou crime".

Há muito tempo não "erguemos" a nossa bandeira e, por isso, estamos pagando um preço alto, pois quem deveria nos representar não o faz e mantém o *status* dos poderosos no topo de uma pirâmide que insiste em nos classificar a bel-prazer. Fomos enganados por tempo suficiente para que hoje seja difícil evitar as consequências do empobrecimento social.

Tenho saudade do tempo em que cantava o Hino Nacional antes da primeira aula do dia, apreciando o tremular da bandeira nacional sendo hasteada; das carteiras de madeira escura que testemunharam muitos aprendizados, e mesmo frustrações; dos quadros de giz; dos desfiles cívicos, aos quais íamos com uniformes impecáveis; do tempo que em que sabíamos quais eram os símbolos nacionais — Bandeira, Hino, Armas e Selo —; do respeito aos pais, aos professores e ao próximo; de levantar e dispor o assento a um idoso; de quando éramos inocentes...

Mas não me iludo, pois não há fortuna "inocente"[7] nem projeto ou plano social, vindo dos que detêm o poder, em benefício do povo. Leda ilusão de quem assim pensa!

Estamos esgotados de ver tanta injustiça em um país com necessidades emergenciais em tantas áreas primárias.

---

[7] Recomendo a leitura do livro *História da riqueza do homem*, de Leo Huberman.

Estamos esgotados de pagar aos políticos salários e benefícios injustificáveis, enquanto a população sofre com fome, falta de moradia, saúde precária, educação falida. Inaceitável sobretudo diante da pandemia da Covid-19 que assolou, e ainda assola, o mundo. E dizer que o fundo partidário foi aprovado em 2022 para uma escala triplicada, passando para quase cinco bilhões de reais.

Sinto pelos que ainda brigam por políticos inescrupulosos, hipócritas, amorais, em especial porque desconhecem a história de vida daqueles que defendem, condição que independe do lado que se esteja: direita, centro ou esquerda, pois são sempre os mesmos o tempo todo, apenas tentam se camuflar "mudando de lado ou de partido".

Aliás, engana-se quem pensa que a corrupção é coisa dos últimos vinte anos. Não. Desde o descobrimento o Brasil sofre com desvios de recursos — ouro, pedras preciosas, pau-brasil. O que dizer dos índios desta terra e o que lhes foi oferecido em troca dos seus tesouros naturais: espelhos, colares, o "requinte em bijuteria".

Estamos esgotados!

O que fizeram à nossa independência? Deixaram escapar às margens do Rio Ipiranga?

O que houve com a nossa igualdade conquistada com braços fortes e que desafiava a própria morte?

O que aconteceu com a idolatria ao nosso país sob a constelação do Cruzeiro do Sul, em um céu risonho e límpido?

O que fizeram às nossas riquezas naturais, ofuscadas pelas ideologias políticas, que não mais embelezam tanto assim a América?

O que fizeram à nossa bandeira com as vinte e seis estrelas representando os estados da nação?

Será que estamos em tempo de não fugir à luta, empunhar as claves e morrer pela pátria livre?

Como diz o ditado: "A política brasileira não é para amadores". É uma farra de discursos, narrativas, ideologias, situação que faz com que o povo não consiga discernir origens, causas e efeitos, culpados. De fato, a politicalha garante os próprios privilégios e os dos seus pares enquanto mantém o povo capturado e refém de assistências indignas em saúde, educação, segurança. Há tanta coisa errada!

Lembrei-me da canção *Admirado gado novo*, do ilustre cantor e compositor Zé Ramalho:

[...] vida de gado

Povo marcado eh
Povo feliz
[...]
O povo foge da ignorância.
Apesar de viver tão perto dela.
E sonham com melhores tempos idos.
Contemplam esta vida numa cela.
Esperam nova possibilidade
[...]

Apesar de a música ter sido escrita "em tempos reversos", o povo continua a "ser gado, marcado e feliz". Até quando seremos afetados pela política dos políticos corruptos, pela economia desigual, pela educação com qualidade para poucos, pela segurança precária, pelo custo de vida que sacrifica cada vez mais os mais pobres, pelo transporte coletivo indigno, pela exploração de toda ordem, pela manipulação da massa que, alienada e sofrida, ainda é "feliz"? Ah! Se o elefante soubesse a força que tem. Reajamos!

ANSIEDADE, MEDO E DEPRESSÃO

Precisamos ser os gestores das nossas mentes.

Deveríamos saber que a depressão, muitas vezes, se instaura quando vivemos demasiadamente no passado; e a ansiedade, no futuro. Entre um e outro, há o medo paralisante. Ansiedade, medo e depressão, não raro, estão relacionados à falta de autoconhecimento, de equilíbrio emocional, de felicidade; à insegurança; à desordem mental; ao físico debilitado; entre tantos outros fatores que nos impedem de viver o presente em sua plenitude.

Ansiedade, medo e depressão são temas desafiadores a uma sociedade mundial em acelerada evolução tecnológica e ensejam que passemos a nos preocupar com o que Augusto Cury denominou Síndrome do Pensamento Acelerado (SPA)[3], uma alteração causada no cérebro em consequência do excesso de informação a que nossa mente está sendo submetida diariamente. Ao que parece, estamos reféns do fator tecnológico, e a escravidão ganhou uma nova versão ao substituir pesadas correntes pela fadiga que nos aprisiona tanto quanto os acorrentados no passado ou mais.

Na condição de seres racionais, precisamos fazer a gestão da vida: triando o que pode ser útil, o que pode ser compartilhado e o que pode ser descartado. Além disso, precisamos nos colocar no lugar do outro, tácito problema para nós, e entender que ninguém tira a própria vida pelo simples querer, mas para se livrar de problemas que o afligem. Portanto, colocar-se no lugar do outro, aproximar-se dele ou oferecer apoio pode salvar uma vida.

Aliás, o que seria de nós se não houvesse a possibilidade de compreendermos a nós mesmos e ao outro? Lembro, com isso, que o melhor e mais eficiente computador do mundo é o homem, aquele que não só o criou, mas o programou.

Ansiedade, medo e depressão são fatos concretos que acometem muitos em situações degradantes, e precisamos acreditar nisso. O ser humano virou algoz dele mesmo. Pensemos!

Que possamos limpar o lixo armazenado na mente.

Que possamos ter coragem de expressar o amor.

Que possamos ter a iniciativa de acolher e ajudar o outro.

Que possamos ter humildade e saber que ninguém é melhor do que ninguém.

Que possamos ter claro que os seres humanos se complementam pelas diferenças.

Que possamos ter o conhecimento e a sabedoria de que a vida não precisa ser difícil.

Que possamos enfrentar o que quer que seja, pois viver é uma dádiva.

Que possamos ter equilíbrio emocional.

Que possamos ter a possibilidade de conquistar a felicidade.

Que possamos ter o discernimento de que os pensamentos são constituídos de energias eletromagnéticas e que as irradiamos. Portanto, ao pensar em alguém, tenhamos o compromisso de enviar boas energias, não apenas em razão da Lei do Retorno, mas, sim, da ética, moral e condição humana.

Que possamos entender que a pessoa que apedrejamos hoje pode ser a mesma que dará tudo para nos salvar amanhã. Ser Humano também tem a ver com se colocar no lugar do outro e entender que estamos sujeitos a muitas variantes.

Que possamos nos lembrar do ontem, planejar o amanhã e viver o hoje.

Que possamos dizer e fazer tudo o que for possível agora, ainda que nos pareça impossível.

Afinal, a vida foi feita para ser vivida, e o que vale é o momento presente.

INTERVENÇÃO MILITAR NO BRASIL, A QUEM PODE SERVIR?

O homem nasce bom, e a sociedade o corrompe.
(Jean-Jacques Rousseau)

Em meio à ansiedade, ao medo, à depressão e aos efeitos e reações à disforia de gênero e à instabilidade social, este trabalho chegou a um ponto de quase intervenção, o que me levou a refletir sobre um tema bastante alardeado nos últimos anos: a intervenção militar. Não para a cura da ansiedade, evidente, mas para a "cura" das injustiças sociais, as quais nos deixam vulneráveis e nos expõem às mais diversas patologias.

Inevitável uma intervenção militar no Brasil? Há os que apoiam e os que condenam o retorno a essa forma de governo. Em meio à discussão, fato é que ainda aguardamos por um governo que instaure uma estrutura social ética e moral que abranja a todos, sem discriminação de qualquer natureza, fazendo valer o artigo 5.º da Constituição Federal[4], o qual, desde a sua homologação, jamais foi praticado. Ou será que alguém acredita que todos somos iguais perante a Lei? Não sejamos ingênuos, não há mais tempo a perder!

Advirto que não defendo ideologia política nem partido político, minha análise é estritamente do ponto de vista sociológico e direcionada a políticas públicas sempre em benefício à sociedade. E é possível falar de política pública sem fazer política? Acredito que sim. Do mesmo modo que eles, os políticos, fazem política sem políticas públicas. Afinal, vivenciamos diferentes formas de governo no comando da nação e nenhuma delas conseguiu resolver as péssimas condições dos serviços públicos oferecidos à população.

Na área da saúde, todos são unânimes na expectativa de dias piores. Sim, é possível, ainda que nos pareça improvável. Por todo o país testemunhamos o caos no sistema de saúde: os hospitais, lotados, se descaracterizaram como unidades recuperadoras, uma vez que seus corredores abrigam improvisadas macas e cadeiras de onde ressoam gemidos desesperados de socorro; muitos medicamentos e/ou tratamentos de média e alta complexidade não são oferecidos porque ficam à mercê de questões burocráticas e gestões incompetentes, comprometendo as possibilidades de cura; os profissionais estão esgotados, dedicando-se a jornadas de trabalho que afetam a qualidade de vida deles, e a dos pacientes por consequência; as estruturas, a maioria sem manutenção, mais parecem "ruínas prestes a desabar"; e os equipamentos, muitos deles obsoletos, são imprecisos em seus resultados, isso quando funcionam, ou são novos e de última geração, mas estão parados porque não há profissionais capacitados para operá-los ou apenas não há recursos humanos. É, hospital não é lugar para doentes. A saúde pública está na UTI!

Esse é um panorama do Sistema Único de Saúde (SUS), que poupa apenas os políticos atendidos nos bem estruturados hospitais particulares às custas do "suado dinheiro" do povo, enquanto este sofre nas longas filas de espera, assistindo à corrupção.

Não em melhor situaçãWo está a educação, com o Brasil ocupando o último lugar no *ranking* mundial de competitividade, em 2022, em uma lista de 63 países, conforme dados publicados pela *revista Exame*[5].

O que pode estar acontecendo para chegarmos a uma posição tão degradante em uma área que deveria ser destaque em qualquer sociedade? Baixos investimentos — há quem garanta que sobra verba para o setor — e rasas políticas públicas voltadas à qualificação para o mercado de trabalho. Ou seria por uma questão de método? Para mim, a esses aspectos somam-se muitos outros, a exemplo de uma época não muito distante em que havia mais respeito ao professor.

A segurança pública é um grave problema para o governo federal e o estadual, que se preocupam mais em construir e ampliar cadeias que em prevenir que as pessoas lá adentrem. Longe de recuperar alguém, o sistema de encarceramento brasileiro depõe contra a reintegração do apenado à sociedade, o qual, na maioria dos casos, quando foge ou recebe a liberdade, volta a cometer delitos. Precisamos refletir sobre esse sistema, sim, e fazer valer o que a Constituição Federal apregoa a respeito dos direitos fundamentais de todos os cidadãos. Logo, é necessário remodelar o sistema a partir de uma estrutura que seja capaz de preparar o apenado para o mercado de trabalho e para ser e se sentir útil à sociedade, caso contrário, o atual ciclo vicioso em torno do caos nunca será resolvido.

Na área da infraestrutura, grande parte das rodovias está em estado precário, elevando as estatísticas de mortes por acidentes. Por sua vez, o número de linhas ferroviárias precisa ser multiplicado, abrangendo o território nacional e com integração ao sistema rodoviário, de modo a facilitar o escoamento da produção de grãos, por exemplo. Na mesma lista de prioridades estão portos, pontes, viadutos, produção e distribuição de energia elétrica e demais obras que possam gerar desenvolvimento econômico e facilitar a vida dos cidadãos. E, assim como são necessárias essas obras, um sistema de fiscalização e auditoria não pode ser desconsiderado, para garantir a qualidade dos materiais e serviços entregues e coibir a corrupção crônica.

No que concerne ao sistema financeiro, há muito a ser revisto em prol do cidadão, em especial desde o início da pandemia da covid-19. Nesse contexto, os bancos, apesar da desgraça alheia, concorreram a ganhos exorbitantes e lucros maiores ainda, enquanto a população amargou um crescente empobrecimento. Juros altos, financiamento habitacional comprometido, contratos com benefícios unilaterais e financiamentos de toda ordem, público e privado, se avolumam sem controle e demandam regulamentação atualizada e auditoria frequente, antes que o povo "se desfaça no pó". É provável que o excesso de poucos esteja pesando na escassez de muitos.

O fórum da mobilidade urbana, por sua vez, é um dos mais polêmicos nos países emergentes, e o Brasil não poderia ficar de fora dele, evidente! Em todo o território, observamos descalabros e desconformidades no sistema público viário, que segue a "qualquer custo" acumulando reclamações que necessitam de atenção prioritária e que tendem a piorar diante da escassez e falta de qualidade, para não dizer de dignidade, a exemplo do valor das passagens, muitas vezes incompatível com os trajetos; dos veículos, não raro em decadência, transportando passageiros sem segurança, sob forte calor, em pé e por longas distâncias, porque o que vale é o desenfreado lucro sobre lucro.

Os exemplos nessas áreas servem de amostragem a revelar o caos socioeconômico que sofremos desde sempre e de motivação para lutarmos por mais justiça social, cobrando retidão de quem deveria nos representar de fato e de direito. Diante do exposto, uma intervenção militar no Brasil poderia ser vista como uma possibilidade real, mas creio haver muito ainda a ser feito via democracia e sem que seja necessário apelar para um sistema autoritário dessa natureza. Lembremos: o processo eleitoral serve a esse propósito.

OLHANDO PELO RETROVISOR

Estava na sacada do meu apartamento quando me deparei olhando para um espelho do qual conseguia ver o meu antigo condomínio. O ângulo inusitado me fez lembrar do retrovisor de um carro a refletir as paisagens pelas quais passamos ao longo da estrada.

No retrovisor está o passado e as minhas lembranças da infância, adolescência e juventude, algumas boas, outras nem tanto. Para revê-las, um "pequeno espelho" basta, assim como a consciência de que jamais sentirei o ontem sob a ótica do hoje, como bem pontuou o pensamento pré-socrático de Heráclito, "nunca nos banhamos duas vezes no mesmo rio". Portanto, ao me ver através daquele retrovisor, sabia não ser mais aquele Eu nem estar mais naquela realidade.

As dores agora são outras e percebidas por uma pessoa adulta, formada e madura buscando superar as frustrações, os medos e os anseios do tempo passado. Situação que, na condição de criança, não percebia. Como foi bom ser criança, como gostaria de voltar a sê-lo. Pensamento que me fez recordar uma fala do Pedro Henrique:

— Parece que alguma coisa que não tá certa tá errada!

Não saberia explicar por que guardei o registro dessa frase, mas é provável que eu tenha me visto naquele contexto, em algum tempo/espaço da minha vida. Quem sabe por ela expressar um conflito entre o estar certo e o estar errado com o qual me debati e ao qual fui submetido/a, avaliado/a e subjugado/a pelo outro.

Achei essa frase inteligente e sarcástica, talvez pelo seu elástico paradoxo, e por isso fiz questão de acrescentá-la ao meu trabalho e aqui está assentada nesta página. Espero que o Pedro Henrique, um adolescente admirável, não venha a me cobrar direitos autorais, possibilidade que me rendeu boas risadas e afastou o silêncio do ambiente. Espero que ela também me traga mais inspirações.

Confesso que momentos como esse, de pausa, distração e mudança de foco, ajudam a restabelecer o meu ânimo, que, nos últimos dois anos, esteve tenso, angustiado, pesado mesmo. Aliás, em muitas situações da escrita desta obra me vi em estado de melancolia, prestes a desistir de tudo, tamanho o peso da responsabilidade de falar sobre mim mesmo/a. E isso me lembrou desta concepção equivocada: escrever uma autobiografia deve ser fácil, afinal, basta contar a própria história; quem não a saberia contar? O que eu não sabia era o quanto seria difí-

cil contá-la, porque essa tarefa foi além do ato de escrever, ela envolveu toda a carga emocional de revisitar um passado que precisava ser ressignificado — um exercício diário de autocompaixão em andamento.

A VIDA É UM QUEBRA-CABEÇAS

As peças mais difíceis do quebra-cabeça da vida são as da emoção, por serem imprevisíveis e instáveis demais.

A vida é um quebra-cabeças e, nesse jogo, as peças soltas representam emoções, etapas, relacionamentos, estudo, profissão, carreira; a coisa desorganizada, sem sintonia, um caos que, na maioria das vezes, não conseguimos entender ou delimitar razões. A própria filosofia define o caos como estado de completa desordem, assegurando versões em Hesíodo e Kant. Segundo esses pensadores, o caos é um estágio *a priori*, a origem do mundo.

A vida é um quebra-cabeças e nem sempre é possível entendê-lo até que as peças comecem a ser encaixadas, desnudando o conhecimento e o sentido transitório de tudo.

A vida é um quebra-cabeças pronto para ser montado, um desafio ao autoconhecimento e à busca do sentido da vida, e precisamos acreditar nisso, sob pena de pensar que ela se resume ao caos e que nada podemos fazer para mudá-la.[8]

---

[8] Como sugere o filme *O quebra-cabeças* — com direção de Marc Turtletaub e elenco com Kelly Macdonald, David Denman, Irrfan Khan —, lançado em 2018, que inspirou este ensaio.

Por um instante, imagine o quebra-cabeças da sua vida desmontado, sem imagem de referência; aos poucos, dia a dia, o lento processo de montagem vai revelando o enigma por trás da junção das peças que compõem o todo, possibilitando-lhe partir do caos à nitidez das coisas.

Quem sabe poderíamos evitar ansiedade, medo e depressão se vivêssemos sob essa perspectiva.

AS MARCAS DA GUERRA, AS MARCAS DA VIDA

Quando tomarmos ciência dos motivos das guerras, descobriremos que estamos fazendo tudo errado e desviando o sentido da vida.

Toda guerra é, no limite da racionalidade, o confronto entre homens que não se conhecem, mas estão a lutar, a ferir e a matar em nome de ideais declarados por sociopatas.

Tenho visto com frequência fotos e vídeos de mulheres ucranianas vestidas com trajes militares e empunhando pesadas armas. A guerra é uma realidade em seu país e muitas agora estão feridas, manchadas com sangue, descaracterizadas de suas estéticas e, o que é pior, mortas por defender seu país, sua família, sua dignidade e honra.

Até quando suportarão os horrores da guerra? Até quando suportaremos testemunhar os horrores da guerra? Ao que parece não bastaram duas guerras mundiais, pois estamos diante do inaceitável, estamos a caminho da Terceira Guerra Mundial.

Questiono fortemente as funções das organizações criadas no pós-guerra, como a Organização das Nações Unidas (ONU); a Organização dos Estados Americanos (OEA); a Organização do Tratado do Atlântico Norte (OTAN);

o Banco Internacional para Reconstrução e Desenvolvimento (BIRD) e tantas outras presididas por autoridades capazes de interferir nos conflitos e de promover a paz mundial pelo bem da dignidade humana, mas que pouco se envolvem nisso.

Até quando assistiremos perplexos às atrocidades causadas pela guerra da Rússia contra a Ucrânia para manter sua hegemonia e seu controle territorial, político e econômico sobre o Leste Europeu. Um conflito liderado por Putin, sujeito que acumula 400 bilhões de dólares em suas contas enquanto o povo russo e o ucraniano, este em especial, sofrem com o flagelo.

Até quando populações serão reféns de governantes sociopatas cujo poder não tem limites, e nem eles mesmos? Até quando será necessário matar para defender o indefensável? Está na hora de os militares invasores refletirem sobre o que é mais digno e humano: matar pseudoinimigos ou deserdar sociopatas idealizadores de pátrias particulares.

Até quando as histórias de guerras serão reeditadas? Porque, exceto pelo período e personagens, a narrativa e suas consequências já conhecemos, muitas denunciadas em obras emocionantes como *Diário de Anne Frank*[6], *O buraco da agulha*[7], *A menina que roubava livros*[8].

Se a Terceira Guerra Mundial se tornar realidade, será a partir do toque de um "botão". Sim, uma guerra nuclear! Podem dispensar os soldados, mesmo aqueles que a deflagraram e resistem à armada, pois sucumbirão ao campo de batalha como qualquer outro mortal. E tão mortais como os sociopatas que a planejaram. Talvez estes tenham construído, com os bilhões roubados do povo, uma nave para os levarem a outro planeta e lá fundarem a própria nação. Não duvido. Quem, em sã consciência, iria acabar com o mundo estando dentro dele?

Tudo será destruído. Homens e animais desaparecerão; plantações e matas serão dizimadas; rios, cachoeiras e mares estiarão; shoppings, lojas, supermercados ficarão condenados ao vazio; casas, prédios, carros, pontes, rodovias e ferrovias não mais abrigarão ou levarão alguém ao seu destino; cinema, música e teatro não mais serão atrações; brinquedos e brincadeiras perderão sua pureza; e o mundo se despedirá de tudo e de todos e, quem sabe, conseguirá, sozinho, em harmonia com ele mesmo e com sua natureza se recompor.

Atenção organizações pós-guerra, presidentes, líderes religiosos, pessoas influentes das mais diversas áreas, é urgente, interfiram no fim da guerra da Rússia contra a Ucrânia a fim de evitar a Terceira Guerra Mundial, sob o risco de o "último a sair ser aquele que vai apagar a luz e fechar a porta", com milhares de mortos repousados ao chão.

O mundo não pode ficar à mercê de um único botão a ser acionado por um sociopata em meio a seus delírios. Não podemos, em definitivo, ficar à mercê de quem quer que seja e por qual motivo for, sobretudo sob pena de fazermos parte do último capítulo da história da humanidade, que nem sequer poderá ser escrito e/ou contado.

Enquanto o Ser, que se diz Humano, não tomar ciência de que o mundo, a natureza e as coisas materiais não pertencem a ninguém, mas estão à disposição de todos para usufruto por tempo determinado e nada além disso, ficaremos entregues a uma existência vazia e sem sentido.

Confesso que, sem motivo razoável, não seria aconselhável indicar uma bibliografia que recorde uma das maiores atrocidades humanas de todos os tempos, o Holocausto, sobretudo em tempos de pandemia. Mas foi quase inevitável fazer essa leitura, bem como as das narrativas das obras a seguir, as quais utilizei como fundamento às minhas ideias: Dante Alighieri, e sua *Divina Comédia*[9], ao discutir a tríade inferno, purgatório e paraíso, uma crítica à seleção natural dos seres humanos;

a tese levantada por Dan Brown na obra *Inferno*[10], que também discute a seleção humana, mas sob a perspectiva do crescimento da população; e *Holocausto nunca mais*[11], de Augusto Cury, que impulsionou este ensaio, por questões óbvias. Também encontro razões na política contemporânea e em seus perversos projetos, que classificam e acentuam as desigualdades sociais.

Foram leituras densas e tristes que despertaram em mim um dos mais rudimentares sentimentos humanos, a raiva; e uma insistente pergunta, que ainda não saiu da minha cabeça: como uma população composta de mentes brilhantes, de pessoas emocionalmente bem estruturadas e de ilustres filósofos deixou um evento dessa magnitude se expandir?

Por conseguinte, outras questões foram surgindo... onde estavam os contemporâneos que não pensaram na "moralidade racional" de Kant; na "essência humana" de Hegel ou na de Schopenhauer, ponderando o sofrimento e o tédio; na "afirmação à vida, ética e psicologia" de Nietzsche. Onde estava a comunidade eclesiástica, que assistia a tudo com permissibilidade, comprovada pela carta do Bispo Paul Schmidt – Melle, da Alemanha, que, representando a União das Igrejas Livres, felicitava Hitler e lhe agradecia os feitos. Perdoem-me o que vem a seguir, mas é condição humana questionar: onde estavam Deus e Jesus Cristo a permitir uma atrocidade dessas? Evidente que o questionamento não passa pela ideia de que não se preocupem com as pessoas, pois os assentamentos bíblicos registram que Deus não foi permissivo ao holocausto (Habacuque 1:3); que odeia maldade e ficou extremamente triste com o ocorrido (Malaquias 3:6). As justificativas são de que as pessoas têm livre-arbítrio e de que Deus irá "desfazer as obras do holocausto".

Como entender também a perseguição às Testemunhas de Jeová que levou muitos à morte por acreditarem em Deus? O que aconteceu com uma nação que tinha tudo para impedir qualquer movimento que pudesse causar a morte de milhões de pessoas em defesa de uma "raça pura, uma raça de puro sangue ariano"? Onde estava o mundo? E pensar que Hitler caiu nos braços da Alemanha mesmo com o insucesso da Primeira Guerra Mundial e a assinatura do Tratado de Versalhes, cujas sanções geraram graves problemas econômicos ao país. Nada justifica. Aliás, em guerras não há vencedores, mas os que perdem menos.

Se listarmos os motivos que levaram nações à guerra, faremos uma profunda reflexão sobre a nossa condição de *Homo sapiens*. O Holocausto foi um crime contra a humanidade com repercussão e consequências inimagináveis que deixaram profundas marcas físicas e emocionais que ultrapassam décadas.

Holocausto, antes não houvesse essa lacuna na história mundial! Contudo, não só existiu como foi escrita e replicada por muitos, inclusive na obra *O diário de Anne Frank*, um relato da implacável perseguição nazista aos não arianos que manteve a autora e a família dela confinadas por dois anos, restando-lhes esperança, talvez a mesma esperança que criou mentes férteis, como sugere Cury, na obra *Holocausto nunca mais*, na qual uma "máquina do tempo" permitiu ao protagonista Júlio Verne ser transportado ao passado para "eliminar" Hitler, com um desfecho mais sublime. Nessa mesma obra, Cury defende a tese da "Escola da Inteligência", na qual a chave é a educação da emoção.

Apesar de o pós-holocausto ter produzido mentes férteis, na mesma proporção que produziu traumas, a exemplo de Hitler, talvez tivesse bastado que o mestre de belas artes do ditador o tivesse estimulado ao invés de massacrá-lo, ainda que o avaliasse como medíocre, como de fato o era por seu histórico. Afinal, um professor jamais deveria optar pelo "massacre", mas sim pela educação emocional, como sugere Cury. Todavia, não teria sido apenas a reprovação às artes que fizera Hitler ser quem fora, um tirano. Pesquisas e assentamentos históricos mostram que ele era brutalmente agredido por seu pai, fator que também contribuiu, segundo análises, com seus comportamentos e atitudes.

Ao pensar a educação mundial, Cury pontua que ela é fomentada de modo prioritário pelo cartesianismo[9], por priorizar o pensamento lógico e as habilidades tecnicistas e cognitivas, quando deveria ser embasada pelo bombardeio do córtex cerebral, que possibilita ao sujeito ser o gestor da própria mente e do pensar antes de agir.

O mundo não está livre de novos ditadores, é claro, pois a humanidade sempre passará por crises energéticas, desabastecimento alimentar, aquecimento global, déficit de moradias, desemprego, entre outros, de modo que não faltarão oportunistas análogos a Hitler, com o discurso hipócrita de serem os salvadores. Nessa perspectiva, pensemos se não seriam motivadoras a um genocídio as grandes fortunas desviadas e manipulável uma população que está morrendo nas filas dos hospitais, sem acesso a alimentos básicos, sem teto para se abrigar, sem condições mínimas de analisar os impactos de uma guerra sobre si, até entre os que possuem formação acadêmica.

Será que se Hitler surgisse em tempos contemporâneos a história seria outra? Ou enterraríamos outras milhões de pessoas pelo abuso de poder e pela negligência à condição humana? Bem, não estamos muito longe disso, visto que, ao longo de décadas, "criamos monstros" semelhantes a Hitler, ou piores. A classe política brasileira, por seu descrédito, nos dá fortes indícios de

---

[9] Conforme René Descartes (1596-1650), em regras de evidência, análise, ordem e enumeração.

que "o genocídio não acabou" e, o que é pior, se tornou ainda mais traiçoeiro e nojento. O bom mesmo é "não criar monstros" ou pelo menos saber onde eles estão ou possam estar!

Destaco aqui uma das mais célebres frases da obra *Holocausto nunca mais*: "A violência não é causada apenas pela ação dos tiranos, mas também pelo silêncio dos que se calam". A omissão é uma forma de participação, e das mais cruéis! É o silêncio ensurdecedor dos hipócritas egoístas e oportunistas que compromete toda uma sociedade.

Sempre haverá os indiferentes à causa e os que, mesmo atentos, serão insuficientes para inibir as estatísticas crescentes do caos social. Enquanto isso, a vida continua tanto para os que dela são beneficiados quanto para os que nela são massacrados. Lembremos de que os fatos sociais são temporais, mas a materialidade da morte é atemporal, não tenhamos dúvidas.

Em momentos de crise, todos somos passíveis de criar mecanismos psicológicos de defesa para aliviar as dores que a vida possa nos causar. E foi exatamente isso o que Anne Frank fez ao construir uma interlocução com a amiga fictícia, Kitty. À amiga, relatou detalhes do quão perversa e nojenta foi a Segunda Guerra Mundial para ela e família.

A condição humana à qual foram submetidos foi a de não terem condição humana alguma. Sua família, e os judeus de maneira geral, de tudo foram proibidos, até mesmo de viver.

Estudiosa, Anne apreciava a mitologia greco-romana. Livros, leituras, estudos e rádio eram significativos em sua vida. Entre seus estudos havia traduções; guerra nórdica; Pedro, o Grande; Carlos XII, o Forte. Destaca, inclusive, o Brasil: o tabaco na Bahia; a abundância do café; 1,5 milhão de habitantes no Rio de Janeiro, Pernambuco e São Paulo;

Rio Amazonas; negros, brancos e demais raças; malária; analfabetismo; e estudos de sua árvore genealógica.

De igual modo, Anne apreciava cinema, e até citou *La belle-nivernaise*, um filme do importante pensador francês Jean Epstein, clássico do cinema francês, que demonstra a simplicidade do ser em relação ao mundo; e literatura gospel, como a também citada obra *Manhã sem nuvem*.

Ao longo do livro, Anne fez alguns questionamentos a si mesma, como muitos de nós o fazemos até hoje, que ficaram sem respostas:

"O que pensa você da garota moderna?"

"Por que e para que é esta guerra?"

"Por que é que os homens não podem viver em paz?"

"Para que tantas destruições?"

"Por que é que a Inglaterra constrói aviões cada vez maiores, bombas cada vez mais pesadas e, ao mesmo tempo, se reconstroem tantas casas?"

"Por que gastam todos os dias milhões com guerra, se não há dinheiro para a Medicina, para os pobres?"

"Não acredito que a culpa da guerra seja só dos governantes e dos capitalistas. Não, o homem comum também tem culpa, pois não se revolta. O homem nasce com o instinto de destruição, do massacre."

"Enquanto toda a humanidade não sofrer uma 'metamorfose total de consciência', haverá sempre guerras, e o papel da humanidade é de reconstruir."

"[...] quero continuar a viver depois da minha morte [...]"

"[...] com 14 anos e com tão pouca experiência, ainda não posso, afinal, escrever uma história filosófica."

"Cada criança deve educar-se a si própria. Os outros podem dar conselhos ou indicar-nos o caminho a seguir, mas a formação definitiva do caráter está nas próprias mãos de cada indivíduo."

Os dois últimos anos de Anne serviram à humanidade como denúncia aos horrores da guerra, legado que ela deixou ao morrer esgotada e sozinha, em 1945, aos dezesseis anos, presa em um campo de concentração. Essas são as marcas da guerra para a vida.

A natureza humana é violenta, cruel, traiçoeira, e o poder revela essa natureza.

(Maquiavel)

TEMPO E FELICIDADE

*Tempo é um anacronismo; e felicidade
é um estado momentâneo de satisfação.*

Platão e Agostinho, em *Confissões de Santo Agostinho, Livro XI*, expressam a dificuldade de se definir tempo. Talvez uma construção do espírito, uma compreensão empírica, conforme defende Hume, que o classifica como o antes e o depois; ou uma intuição do espírito, conforme a visão de Kant, que o define como algo real.

Evidenciarei aqui a ontologia do tempo, em específico a do tempo presente; o mesmo tempo refletido repetidas vezes pela corrente agostiniana a confundir as ontologias da divindade com as do tempo. O tempo presente, quase imensurável, um "relampejo", não o temos mais. Afinal, que tempo tem o tempo presente? Ocorreu-me pensar na Teoria da Relatividade, de Albert Einstein, segundo a qual "a diferença dos tempos passado, presente e futuro é uma ilusão", pois as pessoas vivem tempos distintos e variáveis. Então estariam as pessoas condicionando voluntária ou involuntariamente seus tempos? Tempo seria um anacronismo? Atente que levanto tais questionamentos na intenção de provocar reflexões, objeto primeiro da filosofia, e não de não responder a nada.

Então que tempo tem o tempo presente e qual o significado conjuncional com a felicidade? Para contextualizar essa questão, apresento o que alguns ilustres pensadores disseram acerca da felicidade.

Para Aristóteles, metafísico, "a felicidade é um dos maiores desejos dos seres humanos".

Para Epicuro, hedonista, "a origem da felicidade está no equilíbrio e temperança".

Para Nietzsche, filósofo, "a felicidade é força vital, espírito de luta contra todos os obstáculos".

Para Freud, psicanalista, "todo indivíduo é movido pela busca à felicidade, ainda que utópica ao mundo real".

Para os amantes do bom humor, "é melhor ser infeliz a bordo de um iate a viver na mais insólita miséria".

Para tantos outros, uma necessidade constante.

Para mim, a felicidade encontra o tempo; e o tempo encontra a felicidade, em um processo contínuo. E é o tempo do tempo presente aquele que nos impulsionará à felicidade, condição *sine qua non* ao ser humano. Conquistá-la requer reflexões acerca de como conduzimos a nossa vida. Requer sobretudo entender que a nossa existência é constituída de tempos felizes, mas que a sua integralidade é uma utopia.

DESENCARNE

O que é desencarne? Sim, desencarne, porque evito outra nomenclatura, não me faz bem, acho-a grosseira demais e a mim representa uma ruptura com qualquer compreensão existencial. Ainda que o desencarne seja uma consequência natural da vida, ninguém o compreende, ou pelo menos a maioria não. E esse é um enigma que nos leva a algumas reflexões.

Segundo Sócrates (360 a.C.), o desencarne é fundamental porque permite que a alma se distancie novamente da matéria orgânica e, por essência, alcance o verdadeiro conhecimento e o saber em sua forma mais pura. Em última análise, segundo o filósofo, o desencarne é a possibilidade de evolução da alma e o corpo é uma matéria orgânica que se decompõe ao sabor da natureza. "Temer a morte nada mais é do que parecer sábio sem realmente sê-lo."

Epicuro (341-271 a.C.) tem uma teoria interessante acerca do desencarne: segundo o filósofo, "a morte não significa nada para nós". Contrapondo as posições de Sócrates e Platão, Epicuro compara o desencarne a uma quimera: "porque enquanto eu existo, a morte não existe;

e quando ela existe, eu não existo". De certa forma, não há inquietação de Epicuro acerca do desencarne, a quem tomo a liberdade de complementar a linha de raciocínio: não faz sentido demonstrar qualquer preocupação com o desencarne, pois estamos em plena vida, "antítese da morte". Vida e desencarne jamais estarão no mesmo espaço-tempo.

Schopenhauer (1788-1860) afirma que o medo do desencarne não está relacionado com o fim da vida, mas, sim, com a degradação do corpo, do organismo. Ante a essa fala, lembro-me do acentuado culto ao corpo e à estética em evidência na contemporaneidade, demonstrando a razoável preocupação com a degradação orgânica. O desencarne, conforme Schopenhauer, cessa a existência da matéria, do corpo, do organismo, mas, no mesmo segmento platônico e socrático, defende que a essência é perene, contínua e indestrutível.

Conforme a tese do espiritismo, o desencarne não é o fim, mas uma transição — na qual o corpo se separa da alma, havendo o desdobramento do desencarne e encarne — para que alcancemos a contínua evolução da alma em corpos subsequentes, em um processo contínuo. Portanto, nada que destoe das ideias de Sócrates, Platão, Epicuro e tantos outros que pensaram e pensam na dualidade corpo-alma e sua evolução pós-desencarne.

Do ponto de vista do catolicismo, com o desencarne, a pessoa parte para um destes três destinos: céu, inferno ou purgatório; neste último para a remissão dos pecados. Além disso, o desencarne é para sempre; não há reencarnação até que cheguemos ao juízo final, com a vinda de Jesus, quando será dado o veredito a cada um de nós, conforme assentamentos bíblicos.

A linha evangélica segue a mesma teoria de juízo final do catolicismo, mas não acredita no purgatório. Para os evangélicos, as pessoas ficam "adormecidas" até o momento do juízo final, aguardando o julgamento de Deus, cuja sentença enviará o homem para o céu ou para o inferno.

Quanto aos judeus, de modo geral, acreditam na perenidade da alma pós-desencarne físico e no retorno ao mesmo corpo ou em outro corpo.

Na visão do islamismo, que se assemelha muito a do catolicismo e dos evangélicos, a vida física é uma maneira de se preparar para a vida eterna, destinada aos que foram obedientes.

A Umbanda, de origem afro-brasileira, assemelha-se aos ensinamentos do espiritismo ao acreditar na reencarnação como uma contínua evolução da alma.

Entendo que analisamos o desencarne, na maior parte das vezes, a partir da ótica existencial, e isso gera frustrações, medos, receios, conspirações, fantasias. O desencarne deveria ser analisado por ele mesmo, sob pena de cairmos adoentados em ansiedade e depressão por não o compreender. Analogamente, quando analisamos alguém, nós o fazemos conforme o nosso ponto de vista, a nossa cultura, as nossas crenças e, não raro, caímos em conflito, pois esperamos encontrar no outro o nosso reflexo e, quando não encontramos, nos frustramos. Isso porque o Ser Humano tem dificuldade de se colocar no lugar do outro, de entender outro ponto de vista que não o dele próprio. Assim, o desencarne teria o mesmo princípio: jamais o entenderíamos, pois, em vida, nunca o "experienciamos" e o que há são teorias, suposições de uma improvável certeza.

O desencarne é, pois, mais um daqueles assuntos vagando no mundo das ideias com suas inspirações a evitar frustrações maiores e que impulsionam o homem a buscar mecanismos de defesa contra o inexplorado. Nesse sentido, a ciência, racionalista por excelência, vem trabalhando com hipóteses de que há muito a ser investigado e considerado no obscuro mundo dos vivos e dos desencarnados, do corpo e da alma. Em última análise, o desencarne sempre será conflito entre os raciocínios dedutivo e indutivo, que se estendem em outras teorias, não encontrada aqui guarida que justificasse seus desenrolares.

Por outro lado, quando me recordo de filmes e séries espíritas baseados em fatos reais como *Milagres do paraíso*, *O céu é de verdade*, *A cabana*, *E a vida continua*, *Kardec*, *As mães de Chico Xavier*, *Vida após morte* (série) e tantos outros que trazem pessoas de diferentes idades e crenças relatando com fidelidade fatos ocorridos em outro plano e que foram checados e confirmados, reflito o quanto estamos afastados dos conhecimentos que precisamos para compreender a nós mesmos.

Diante desses fatos contundentes, seria um grande engano pensar que estamos sozinhos no universo, e mesmo admitir que o desencarne seja a "concretude do nada", que tudo acaba e o que restará serão lembranças, que desaparecerão com o tempo. Custo a acreditar nessa hipótese. Acredito, sim, tal como afirmou Albert Einstein, que somos energia.

E nada disso muda o fato de que o desencarne, do ponto de vista existencial, é confuso, vazio, cruel, injusto, inaceitável, e também sentido quando faltam algumas pessoas à mesa, ao lado no trabalho... Muitas pessoas sentirão a falta do olhar, do abraço, do aperto de mão, das longas conversas, dos risos, dos conselhos... É! Muitas pessoas desencarnaram e outras desencarnarão e ainda agimos como se a vida não pudesse ter seu ciclo interrompido, guardando aquela roupa ou sapato para um momento especial, aquela louça e toalha para a visita; aquele infindável adiamento de nos presentearmos com o melhor. Quantas vezes prorrogamos uma declaração de amor, um abraço apertado, um beijo apaixonado como se o amanhã fosse sempre existir.

Depois, as angústias desaparecerão; os medos se transformarão em nada; as depressões serão curadas; os orgulhos serão enterrados; as arrogâncias virarão pó; e a falta de caráter e a hipocrisia não terão mais espaço na existência. Tantos outros aspectos deixarão suas materialidades, até mesmo as dores do coração acometidas por paixões vorazes. Um dia tudo isso acabará e os amores e dissabores serão pulverizados no tempo e no vento. Para alguns, o fim da vida; para outros, a continuação em planos mais evoluídos. Contrastes entre o desencarne e a vida.

VIDA

*A morte liberta a alma desta prisão
e lhe encaminha para uma vida melhor.*

Sócrates.

Antítese do desencarne, o tema vida fecha a discussão entre essência e existência nesta ontologia. A vida, do ponto de vista etimológico, significa existência: tudo o que analisamos, avaliamos, julgamos. Inclusive o esboço sobre desencarne, anteriormente exposto, foi conceituado, definido e analisado do ponto de vista existencial. Portanto, a vida representa tudo e todos, sobretudo no caráter de concretude, no compromisso de analisar antes de julgar... É a oportunidade de viver, de buscar a felicidade, de realizar projetos.

Há aqui uma importância cultural, social e filosófica acerca de escrever as nossas histórias, as histórias de vida! Somos atores, escritores e autores das nossas próprias histórias e das dos outros. Por um período predeterminado ou posterior, ao sabor de cada convicção, vivenciamos fatos que constituem a nossa vida em um mundo em constante evolução.

Desde os primeiros dias começamos a escrever as nossas histórias e a imprimir, na grande obra da vida, uma infinidade de imagens que representam pessoas e animais;

diferenças e igualdades; estudos e pesquisas; lazeres e artes; propriedades e investimentos; frustrações; sucessos; saúde e doenças; prazeres e desprazeres; afetos e desafetos; sonhos realizados e perdidos; perdões e vinganças; amores e dissabores; alegrias e tristezas; deduções, induções e intuições.

A vida segue em meio a uma miscelânea de acontecimentos porque precisa seguir. E não segue em linha reta, uniforme ou constante, ela pode nos surpreender, e talvez esteja aí seu encanto: o caráter da imprevisibilidade. Não fosse isso, não haveria esperanças para escrever novas histórias. Eis uma certeza, irrefutável certeza, a de esperançar!

À medida que a obra da vida segue, proporcionalmente seguem editadas e reeditadas as nossas histórias, das quais, muitas vezes, nem sequer temos autonomia para alterar o rumo que tomaram. E, por não entendermos alguns "códigos" da vida, sofremos em descontrolada frustração. Porém, nada é obra do acaso, e assim seguimos um caminho ora predeterminado; ora desconhecido, de livre-arbítrio, construindo o que queremos, apesar das dificuldades, muitas vezes responsáveis pelo nosso crescimento, pela nossa evolução.

No mais, cada um escreve e conta a própria história, na condição de deixar bons exemplos aos outros, atitudes que possam contribuir para a sociedade, um legado que possa marcar cada história de vida para sempre. Afinal, a prerrogativa da inteligência a nós imputada não é um acaso.

A vida segue assemelhada ao rumo das águas de um rio, com destino à frente; e por mais que interfiramos, chegar a ele será uma questão de necessidade e tempo.

COMO QUERIA VOLTAR A SER CRIANÇA E SÊ-LO

Provável não haja nada mais sublime do que ser criança. Não apenas pela sua pureza, ingenuidade, espontaneidade, autenticidade, mas pelo fato de um dia todos nós termos assim sido. Muitos, vencendo a cronologia, ainda o serão por um tempo mais alongado; outros, em desafio, o serão por toda a vida. Porque é bom ser criança.

A criança é despida de preconceito, não classifica as amizades por racismo, não se preocupa com orientação sexual. Crença? Só se for pelos brinquedos, porque brincar é coisa de criança e não há nada mais importante a fazer do que isso.

Não há assunto que criança não saiba, assim cantava a banda Legião Urbana: "Mas não sou mais tão criança a ponto de saber tudo". Criança sabe o que quer e é sincera; não procura argumentos elaborados quando quer ou não quer uma coisa, basta chorar, e o choro se torna um bom argumento para tudo. E não adianta querer provar o contrário, ela sempre ganhará.

Ser criança é alçar sonhos inimagináveis, realidades improváveis; é ter solução para cada problema e para cada problema uma solução, mas nada muito complicado, pois não há tempo a perder e as brincadeiras devem ser prioridade sempre.

Ser criança é ausentar-se das dificuldades "fabricadas pelo mundo dos adultos"; é esvair-se do cotidiano de um mundo cruel; é poetizar o mundo e torná-lo mais simples e harmônico. Porque a vida é naturalmente simples!

Como queria voltar à condição de ser criança e sê-lo. Queria me desligar da condição adulta, porque estou cansado/a e não tenho mais lágrimas para oferecer ao chão. E quando as tinha, parafraseando Charlie Chaplin, "preferia chorar na chuva, para que as pessoas não vissem que chorava".

"ONTOLOGIA DE UMA VIDA" FECHOU O CICLO DE UMA POSSÍVEL DESCONSTRUÇÃO DE UM EU?

Dizem que para tudo que se constrói há um começo, meio e fim. *Ontologia de uma vida* não fugiu à regra, e o desfecho pode surpreender muitos, quiçá até o/a autor/a desta obra.

Conviver com o a disforia de gênero — para mim antagonismo de gênero —, confesso, afetou a integralidade do meu SER. O peso social e o emocional, as relações interpessoais, os entraves institucionais burocráticos, as hipocrisias, as falsas moralidades, a carga de preconceitos... não foi fácil, não é fácil.

"Ser diferente em uma sociedade que se deseja igual é cruel" é uma frase que, embora soe clichê, ainda expressa como me sinto quando estou no coletivo. Somos diferentes em raça, cor, credo, cultura, personalidade, educação, genética, orientação sexual e de gênero e em tantos outros aspectos, mas, para olhos equivocados, todos precisam ser iguais.

A escrita de *Ontologia de uma vida* me "custou" horas, dias, meses e anos de profundo desgaste emocional; me proporcionou muitos aprendizados; me fez chorar no vazio e silêncio da minha casa; causou o afastamento de muitas pessoas; e significou a ausência de interesse em conhecer os fatos e a falta de sensibilidade e preocupação com o outro.

Esta obra foi além do esperado, serviu-me não só como "válvula de escape", mas também como uma revisão acerca do meu Eu, o mesmo Eu revelado em possível desconstrução pela disforia de gênero que aqui expus.

Impossível, depois de tudo o que foi escrito, analisado e vivido, não refletir sobre a minha vida hoje: aonde posso chegar, o que o futuro me aguarda, quem ficará ao meu lado, com qual perspectiva de vida poderei sonhar. Enquanto tudo acontece e se projeta para o inexplorado, meus dois Eus continuam em conflito.

Como muitos podem imaginar, qualquer decisão relacionada à desconstrução de um Eu, pela sua magnitude, foi esgotante. Foram anos de conflitos que me levaram ao mais profundo e traumático desgaste físico e emocional, sobretudo o emocional. Sim, o emocional! Tratamentos com psicólogos, psiquiatras e equipe multiprofissional priorizaram a saúde em detrimento do vazio, da solidão, do isolamento e da tristeza que me acompanharam durante longos períodos. Um tempo pretérito, não cronológico, que perdeu lugar para a busca pela saúde mental e, em consequência, pela felicidade, responsáveis pelo possível resgate do Eu que ficou às sombras o suficiente.

Fazer (res)surgir socialmente um Eu e (des)aparecer outro não descaracteriza a existência de nenhum dos dois. O que nasceu de um parto e foi designado, em sua natureza, pela genética; e a que nasceu em plena existência, também designada pela genética, mas não só, foram impulsionadores e contributivos para a construção desta obra, obra da minha vida.

Não quero, ao final, que restem apenas lamentações, porque não seria verdade. Quero, sim, fazer valer a interessante obra de Daniel Martins de Barros *O lado bom do lado ruim*[12]. Quero que todos esses anos tenham valido ao autoconhecimento e a me convencer de que o Ser Humano cresce diante das dificuldades, das barreiras e dos percalços que a vida oferece. Acima de tudo, orgulho-me da minha trajetória. Aliás, todos nós deveríamos nos orgulhar da nossa trajetória, pois somos os responsáveis pela sua materialização.

Quero "a quatro mãos" escrever o que está por vir. Sim, "a quatro mãos", afinal, ainda que haja a desconstrução de um Eu, este não deixará de existir, apenas outro Eu surgirá. Nesse sentido, precisamos entender quem somos e não tentar, a todo custo, eliminar o que, em primeira análise, pressupomos ser um erro. Quero lhes dizer mais: usem estrategicamente a seu favor todos os problemas e dificuldades que a vida possa lhes apresentar. Isso é possível, sim, e já praticamente no final, em plena conclusão deste alongado trabalho, pelo menos do ponto de vista emocional, sinto-me com as energias renovadas; e percebo nitidamente um equilíbrio e um súbito contentamento invadindo-me.

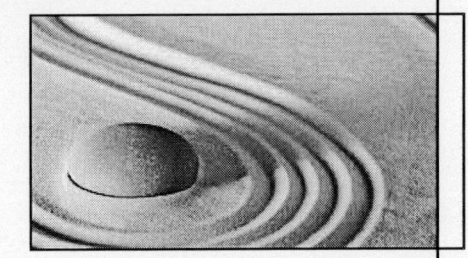

NÃO É SOBRE O MEU EU, É SOBRE O EU DO OUTRO

Avaliamos o outro tendo como referência as nossas próprias medidas, e isso não é justo!

Não é sobre o meu Eu, é sobre o Eu do outro; não é sobre o que Eu sinto, mas sobre os sentimentos do outro; não é o quanto Eu me dedico, mas o quanto o outro se dedica; não é o quanto Eu me esforço, mas o quanto o outro se esforça; não é o quanto Eu acordo cedo, mas o quanto o outro acorda cedo; não é o quanto foram duros os meus relacionamentos, mas o quanto foram duros os relacionamentos do outro; não é sobre as minhas possíveis patologias, mas sobre quanto o outro sofre com as patologias dele; não é o quanto foram boas as minhas férias, mas o quanto foram boas as férias do outro; não é sobre as minhas conquistas ou fracassos, é sobre as conquistas ou fracassos do outro; não é sobre o meu Eu, é sobre o Eu do outro.

Não raro, presenciamos pessoas conversando sobre circunstâncias da vida em meio ao que parece ser uma "competição" de feitos, sempre uma tentando se sobrepor a outra, sem qualquer compaixão. Não raro, deixamos de escutar o outro, em nome das nossas individualidades, sobrepujando os nossos Egos e inflando os nossos Superegos.

Não dispomos de tempo para o outro, pois as nossas necessidades são prioritárias.

Vivemos em relação com o outro, em estreito convívio com o outro, cientes das necessidades do outro, sendo a extensão do outro. Tais pressupostos por si sós seriam suficientes para nos perguntarmos: qual é o nosso papel no universo social? Não por acaso, ainda que seja uma metáfora, temos dois ouvidos e uma boca, e não creio que seja mera construção anatômica. Fato é que estamos perdendo a capacidade efetiva de ouvir e afetiva de entender o outro, sobretudo com a urgência por respostas e a angústia por resultados.

O Ser, que se denomina Humano, tem a tácita dificuldade de se colocar no lugar do outro, de entender que cada Ser é uno, com características que lhe são próprias, e isso não quer dizer que um seja melhor ou pior do que o outro. Revela apenas que, por não serem iguais, essas diferenças tornam um a extensão do outro, em caráter continuadamente recíproco.

Para agravar esse contexto, com o avanço da tecnologia, com a necessidade de produção e com o crescimento populacional, as relações humanas se tornaram cada vez mais impessoais. Estamos sem tempo para conversar com o outro, rumamos nossos destinos em meio à pressa do cotidiano, das loucuras do dia a dia; rendemo-nos às telas dos celulares, aos computadores e a todo o universo tecnológico a ponto de nos distanciarmos de quem está perto e de nos aproximarmos de quem está longe. E dizer que já pensam na tecnologia 6G, especulando a possibilidade de sentirmos, a distância, aromas, gostos. Aonde vamos parar e até quando a condição humana suportará tudo isso?

Sempre gosto de compartilhar uma história que vivenciei, sobretudo depois de aprender que a prioridade deve ser sempre o SER HUMANO: Sandra é uma moça que conheci não faz muito tempo em um supermercado, e que lá atua como caixa. Um dia a vi chorando, quieta e tentando esconder as próprias emoções. Quando chegou a minha vez, ela, mesmo triste, me recebeu com gentileza e começou a passar as minhas compras até que, preocupado/a, perguntei-lhe por que estava chorando. E o que antes era um choro tímido, sutil, ficou mais transparente com a minha intervenção. Mas não tardou a se recompor e, tão logo conseguiu, muito emocionada respondeu: "Você é a primeira pessoa que me pergunta o que tenho". Lembro-me do que lhe respondi: "Imagino. As pessoas passam ao nosso lado, até conversamos algumas vezes, mas são incapazes de nos ver". Ao final do atendimento, menos emocionada, pediu o meu contato e hoje somos amigos/as nas redes sociais. A ela prestarei toda a atenção que precisar. Essa passagem serviu-me de reforço a algo que pratico há anos: dar atenção ao outro, ao Ser Humano, a qualquer tempo, em qualquer lugar, indistintamente.

Conforme *Bio em foco*[13], uma em cada cem mortes no mundo são provocadas por suicídio; em 2019, mais de setecentas mil mortes foram registradas. Isso fez com que a OMS produzisse orientações em atendimento aos países com elevados índices de suicídio. Considero importante as instituições de saúde se envolverem com a causa, mas não creio que seja suficiente. Os potenciais suicidas podem estar ao nosso lado e uma simples atenção, conversa ou acolhimento pode evitar o aumento dessas estatísticas. Cada um pode fazer a sua parte se fazendo presente, olhando nos olhos do outro, perguntando se está tudo bem e prestando atenção à resposta. E isso tem a ver com escutar e acolher o outro.

Lembrei-me do cinema mudo dos tempos de Charlie Chaplin — humanista, cineasta, ator, roteirista, diretor —, quando a arte não tinha a ver com o falar, mas com o sentir.

Às vezes, precisamos fechar os olhos para "ver o nada", tapar os ouvidos para "escutar o barulho do silêncio" e fechar a boca para não "falar e ferir", em benefício do equilíbrio coletivo. Por isso a importância de pensar e refletir sobre o nosso propósito no mundo e as nossas funções nas relações sociais.

Não é sobre o meu Eu, é sobre o Eu do Outro!

Este trabalho, que ouso chamá-lo de livro, restabeleceu meus EUS, avivou a pessoa alegre que sempre me personalizou; renasceu a esperança de que tenho muito a escrever, ontologicamente em vida e para a vida, pois, enquanto houver vida, haverá histórias a serem contadas.

Marcio e Cristiane

Em um dia chuvoso, maio de 2022, século XXI.

POSFÁCIO

Estava caminhando quando uma moça me interpelou: "Bom dia, pra onde vai esta rua?" Minha reação foi lhe perguntar para onde gostaria de ir antes mesmo de informá-la a direção daquela rua. Não sabia eu que aquela pergunta serviria em breve para minhas primeiras reflexões sobre a necessidade de escrita destas palavras.

Diante do inevitável retorno à "Desconstrução necessária de um Eu", retorno à minha condição de gênero natural, uma **conclusão em lágrimas**.

Sempre soube que qualquer decisão seria difícil, sobretudo do ponto de vista emocional, que foi e está sendo tratado com psicoterapia, psicólogos e medicamentos. Apesar do desgaste emocional e do afloramento da ansiedade e depressão dos últimos meses, sinto-me liberto e com a sensação de que "serei mais útil" com a reversão do que permanecendo em uma condição que não me aproximou da "plenitude" ou minimamente da felicidade, ainda que considere a felicidade plena utópica.

Tudo o que passei me serviu de aprendizado e consequente evolução. Não serei eu negligente a ponto de desconsiderar ou maliciar tudo o que experenciei, e mesmo entender que nada nos acontece por obra do acaso. Definitivamente não, pois nossas atitudes estão respaldadas em nossa existência, e não na infalibilidade do destino, que nos isentaria da responsabilidade por elas e do conformismo por tudo. Afinal, uma vida sem atitude não valeria a pena ser vivida.

O que aconteceu comigo foi e continua sendo um processo extremamente complexo... a cada escolha reações adversas minhas e dos outros, alguns momentos amargos; outros felizes, mas incompletos e distintos de como pensava um dia viver.

Em uma das sessões de psicoterapia me foi indagado: "Esta fase da tua vida, com o surgimento da Cristiane, avaliarias de que forma?" Respondi: "Apesar do amargo isolamento, das crises de choro incontroláveis, das muitas alterações de pressão arterial, das anomalias físicas e psíquicas, a Cristiane não se resume a isso. Foram quase quatro anos de mudança aparente de gênero e momentos felizes. Ela me proporcionou uma experiência ímpar, me fez vivenciar quão forte é a mulher, quão forte e persistente é o gênero feminino, quão alto é o nível de influência da pessoa humana sobre a sociedade, independentemente do gênero. Ela me fez ver o lado humano da pessoa, e não apenas o gênero com o qual nascemos ou posteriormente nos identificamos."

A Cristiane me ensinou muito, mas precisou partir, oportunizando ao Marcio a continuidade de um lindo legado sem preconceitos, com respeito a todos e direitos, deveres e obrigações sociais muito claros, que envolvem acolher e ajudar o outro como condição humana essencial.

A Cristiane precisou partir, mas deixou uma imperiosa lição: gênero não é sexo! Marcio e Cristiane são seres que se fundiram e se aperfeiçoaram como humanos. De fato, homem e mulher são distintos biologicamente por cromossomos (homem XY e mulher XX), mas isso não deveria se sobrepor à essência humana. Somos todos humanos.

Com o legado deixado, consigo distinguir, e não separar, o homem da mulher; perceber a pessoa humana, e não o gênero; e entender que não há gênero forte ou fraco, mas, sim, momentos de fraqueza, para os quais precisaremos ser fortes e superá-los.

A Cristiane precisou partir, mas a dualidade permaneceu na distinta percepção dos gêneros, agora sem tantas angústias. Deixou saudades da timidez e da espontaneidade com que se apresentava à sociedade; dos primeiros passos a lugares desconhecidos; dos raros encontros sociais; dos gostos requintados pelas roupas, que sempre precisavam combinar; e de tantos outros momentos bons que jamais serão esquecidos.

O momento é de trabalho reverso. Chegou a vez de o Marcio "desconstruir" tudo o que foi formalmente "construído" pela Cristiane. Novo registro de identidade e recadastro em clínicas, comércios, Receita Federal, plano de saúde... "É a materialidade da desconstrução de um Eu".

Quero agradecer a Deus a oportunidade diária de ser uma pessoa melhor; de entender que a humildade é fundamental, que estender a mão ao outro nos trará bons retornos, que a empatia enobrece o Ser e que o aprender e o evoluir fazem parte da vida.

A Cristiane foi alicerce, (des)construiu paradigmas, criou laços, padronizou sorrisos, ecoou choros, dramatizou e por vezes deixou a vida mais leve.

A Cristiane construiu um legado para o Marcio sem despersonalizar a essência de outrora.

A Cristiane acrescentou uma fração de vida ao Marcio.

"Vá, Marcio, siga seu destino em busca da felicidade... tenha certeza de que dei o meu máximo para que fôssemos felizes. Siga adiante construindo sua vida, nossa vida, ainda que a dualidade tenha ganhado novos contornos. Sentiremos saudades um do outro, afinal estávamos juntos o tempo todo."

Na certeza de que tudo ficará bem, despeço-me.

Com carinho,
Cristiane

*Fotos desfocadas, figurando
a despedida da Cristiane, em
ontologia de uma vida.*

Caro leitor/a, não faria o menor sentido deixar esta história, a minha história, inconclusa, por isso decidi compartilhar a decisão de **retornar à minha condição de gênero natural**. A vida é um jogo, o jogo da vida, que segue sendo vivido e editado.

Seja corajoso/a, viva e (re)escreva a sua história de vida.

Até breve,
Marcio
Em um dia ensolarado, maio de 2023, século XXI.

NOTAS DE FIM

[1] HEIDEGGER, Martin. **Ser e tempo**: parte I. 15. ed. Petrópolis, RJ: Vozes, 2005. (Coleção Pensamento Humano).

[2] KARNAL, Leandro. Só quando eu descubro que eu sou ninguém, meu eu profundo, minha identidade pode emergir. [Entrevista concedida a] Monja Coen. **GDAL Grupo Doutrinário Caminho da Luz**. [S.l.], 24 de janeiro de 2021. Disponível em: https://fb.watch/fZDs8r8_W1/. Acesso em: 3 out. 2022.

[3] CURY, Augusto. **Ansiedade**: como enfrentar o mal do século. A Síndrome do Pensamento Acelerado: como e por que a humanidade adoeceu coletivamente, das crianças aos adultos. São Paulo: Saraiva, 2014.

[4] BRASIL. [Constituição (1988)]. **Constituição da República Federativa do Brasil de 1988**. Artigo 5º. Brasília, DF: Presidência da República, [2016]. Disponível em: http://www.planalto.gov.br/ccivil_03/constituicao/constituicao.htm. Acesso em: 3 out. 2022.

[5] REVEIRA, Carolina. Brasil cai duas posições e é 59º em ranking de competitividade global. **Exame**, 2022. Disponível em: https://exame.com/economia/brasil-ranking-competitividade-2022/. Acesso em: 2 out. 2022.

[6] FRANK, Anne. **O diário de Anne Frank**. Jandira, SP: Principis, 2019.

[7] FOLLET, Ken. **O buraco na agulha**. São Paulo: Arqueiro, 2018.

[8] ZUSAK, Markus. A menina que roubava livros. Rio de Janeiro: Intrínseca, 2010.

[9] ALIGHIERI, Dante. **A divina comédia**. Introdução, tradução e notas de Vasco Graça Moura. São Paulo: Landmark, 2005.

[10] BROWN, Dan. Inferno. São Paulo: Arqueiro, 2013.

[11] CURY, Augusto. **Holocausto nunca mais**. São Paulo: Planeta, 2015.

[12] BARROS, Daniel Martins de. **O lado bom do lado ruim**. Rio de Janeiro: Sextante. 2020.

[13] BIO EM FOCO. **1 a cada 100 mortes no mundo são suicídios**. 2021. Disponível em: https://bioemfoco.com.br/noticia/1-a-cada-100-mortes-no-mundo-sao-suicidio/. Acesso em: 3 out. 2022.